必ず成功する学級経営

365日の学級システム

中学3年

堀 裕嗣 編著

明治図書

まえがき

　学級経営が年々難しくなっています。

　従来の学校教育の在り方に比して，個に対応することが強く求められるようになったからだと認識しています。特別支援教育の理念や学力向上が求められる風潮と相俟って，従来とは比べものにならないくらい「結果」が求められるようになりました。しかもその「結果」は，かつてのように「いまはこんな感じだけど，この子もいつかわかってくれるさ」と余裕をもって接し，何年か後に「あのとき先生の言ってたことがわかりました」と返ってくるというような，〈長期的な結果〉ではありません。いまこの指導事案で結果を出さなければならない，三日後までに報告すると約束したその期日までに結果を出さなければならない，できるだけ早く結果を出さなければならない，今学期中に結果を出さなければならない，今年度中に結果を出さなければ次年度が不安になる，常にそんな焦りを伴う〈短期的な結果〉です。加えて，その「結果」は，生徒自身はもとより，保護者や管理職も納得するような結果でなければ「結果」の名に値しない，そんな雰囲気さえあります。三十人以上の「個」に対して，果たしてそんなことが可能なのだろうか。そんな疑問さえ湧いてきます。

　教師としてのやり甲斐を抱くことが年々難しい時代になってきています。

　従来の教師の在り方に比して，教師個々の裁量が著しく狭くなっているからだと認識しています。常に一つ一つの指導事案に〈短期的な結果〉が求められ，しかも学校はかつてと比べて〈譲れない一線〉をも強く意識するようになりました。保護者のクレームやマスコミの突き上げは回避したいけれど，学校教育の軸を揺るがすことはできない。サービス業的に接しなければならない場面はあるけれど，健全な市民，健全な社会人，健全な国民を育てるという理念のもと，譲れない一線だけはてこでも譲らない。そうした姿勢です。結果，前線にいる一人ひとりの教員の裁量に任せるなんてことはしていられない。逐一報告を求め，逐一指示を出す。管理職は一般教諭に，教委は校長に，文科省は各地教委に，すべてが同じ構造で動いています。その結果，だれもが背後から矢を構えられながら前線で闘わなければならない，ちょっと譲ればうまくいくのに……という事案であっても譲るわけにはいかない，言葉を尽くして生徒や保護者を説得しなければならない，ほんとうは生徒や保護者の側につきたいような事案であってもその素振りを見せるわけにはいかない，そんな事例も散見されるようになりました。「個のための教育」と「学校・地域行政・国家のための教育」，その矛盾を前線で働く教師自身が身に沁みて感じざるを得ない，年々そんな時代に近づきつつあるのを感じます。多くの教員が口には出さないまでも「管理職に報告して，指示されたとおりに動けば良いんでしょ」，そんなふうに開き直りたくなるのもわからないではありません。

　重度の特別な支援を要する（と思われる）子，情緒的に安定しない問題傾向生徒，強烈なク

3

レーマー保護者，そうした少数の「個」に対応しているうちに，学級集団が安定を欠き，学級運営がままならなくなるという学級担任も少なからず見られるようになりました。こうした事例が「個に対応すること」があまりにも声高に主張された結果として，どこまでも個に寄り添いたいとの良心的な教師のメンタリティと相俟って学級運営が滞り，学級担任として最も大切な仕事である学級集団を育てることを蔑ろにしてしまったことを意味しています。どこまでも「個」に寄り添い，他のことを考えない態度が許されるのは，家庭教師やかかりつけの医者・カウンセラーであって，学級担任のそれではありません。学級担任が100のリソースのうち80を一人の特別な子にかけてしまったのでは，リソースを費やしてもらえなかった生徒たちが不安定になっていくのも当然のことなのです。そこには，私たち学級担任もまた，校長や行政と同じように「譲れない一線」をもつべきであるという構造があります。

　よく考えてみましょう。私たちの仕事は，「個」と「学級集団」であれば，「学級集団」を優先すべき仕事なのではないでしょうか。もしそうでないとしたら，特別支援学校や特別支援学級のように，私たちの仕事も学級の定員を著しく減らし，複数の教師で当たるというシステムに変更されるべきなのです。そして言うまでもなく，現行のシステムはそうではありません。私たちは本来，もてるリソースの8割を集団づくり，学級づくりに費やすべき仕事に就いているのではないでしょうか。「個への対応」を蔑ろにして良いと言うつもりはありません。しかし，特別活動の時間が目に見えて縮小され，会議と事務仕事の多さに放課後に生徒たちと談笑する時間さえもてない昨今にあって，学級担任の第一義が学級づくり，集団づくりであるということが忘れられつつある現状にあるように思えてならないのです。

　もちろん現実的には，リソースを費やさねばならない生徒，リソースを費やさねばならない保護者はいるのが実態でしょう。しかし，「個」に対するネガティヴな対応場面というものは，学級集団が育てば減少するのではないでしょうか。集団が育てば育つほど，集団づくりにかけなければならないリソースの度合いは減っていき，「個への対応」にかけるリソース（少なくとも時間的リソースについては）に余裕が出てくるのではないでしょうか。実は「個への対応」の質の担保さえ，集団の質が高さと大きく関係しているというのが本質なのではないでしょうか。学級担任の仕事とはこのような順番で考えるべきなのではないでしょうか。

　本書は学級経営が難しくなったと言われる昨今にあって，「個への対応」とのバランスを取りながら，安定的に学級経営をしていくための構えをシステマティックに提案することを旨としています。学級システムを構築することで学級運営を安定させるとともに，教師が時間的にも精神的にも余裕がもてるように，最低限押さえなければならない学級経営の勘所を4月から時系列で並べました。また，この方針のもとに中学1〜3年を学年別に編集しています。学級組織づくりや学校行事など毎年あるものに関しては，内容が重ならないようにと重点項目を変えて編集していますので，できれば3冊通してお読みいただければ幸いです。

　本書が日々の学級経営に悩む中学校教師たちに少しでも力になるなら，それは私たち執筆した者にとって望外の幸甚です。

堀　　裕　嗣

CONTENTS

まえがき

第1章 中学校学級経営の構成要素
「さきがけ」「しんがり」「アクセル」「ブレーキ」の4視点

1 学級経営の難しさ……………………………………………………10
2 学級経営の矛盾……………………………………………………10
3 生徒たちの多様化…………………………………………………11
4 「さきがけ」と「しんがり」…………………………………………12
5 「アクセル」と「ブレーキ」…………………………………………14
6 マトリクス・チャート………………………………………………15
7 本書の構成…………………………………………………………16
8 再び，学級経営の難しさ…………………………………………17

第2章 必ず成功する学級経営　365日の学級システム　中学3年

本書では，教師が前面に生徒集団を引っ張る形の指導の在り方を「さきがけ」♥
教師が一歩退き，後ろに控えることで生徒集団を見守る形の指導の在り方を「しんがり」♡
教師が生徒集団の成長を促すために，生徒主体の動きを促すような指導の在り方を「アクセル」★
教師が生徒集団の規律を維持するために，生徒の行動を規制するような指導の在り方を「ブレーキ」☆
として，各項ごとにその5段階マトリクス・チャートを紹介しています。

1 学級開き　　さきがけ♥4　しんがり♡2　アクセル★4　ブレーキ☆3
1 学級開きの目標……………………………………………………21
2 学級開きの手立て…………………………………………………21
　🌱2年3学期：3年生へつなぐ
　🌱春休み：担任のイメージづくり
　🌱3年生1日目：出会いとツカミ
　🌱3年生2日目：最上級生として
　🌱3年生3日目：学級のルールを確定する
3 学級開き指導の極意………………………………………………25

2 学級組織　　さきがけ♥2　しんがり♡4　アクセル★4　ブレーキ☆2
1 学級組織づくりの目標……………………………………………27

2 学級を自治的に機能させるための手立て …………………………………………27
　🌱学級組織づくりの前に　🌱学級組織づくり後
3 学級組織の意義 …………………………………………………………………………31

③ 当番活動　　さきがけ❤3　しんがり♡5　アクセル★4　ブレーキ☆2
1 当番活動の目標 …………………………………………………………………………33
2 当番活動を指導するための手立て …………………………………………………33
　🌱共通編　🌱清掃編　🌱給食編
3 当番活動を指導することの意義 ………………………………………………………37

④ 朝の会・帰りの会（短学活）　さきがけ❤4　しんがり♡3　アクセル★4　ブレーキ☆2
1 短学活の目標 ……………………………………………………………………………39
2 短学活指導で必要な手立て ……………………………………………………………39
　🌱システムの見直し　🌱学級をつくる意識の育成　🌱卒業後を見据えて
3 短学活指導の意義 ………………………………………………………………………43

⑤ 学習指導　　さきがけ❤4　しんがり♡4　アクセル★4　ブレーキ☆1
1 学習指導の目標 …………………………………………………………………………45
2 学習指導の手立て ………………………………………………………………………45
3 学習指導の意義 …………………………………………………………………………49

⑥ 教室環境　　さきがけ❤1　しんがり♡4　アクセル★4　ブレーキ☆1
1 教室環境の目標 …………………………………………………………………………51
2 教室環境の手立て ………………………………………………………………………51
　🌱行事を充実させる　🌱進路の意識を高める
3 教室環境の意義 …………………………………………………………………………55

⑦ 旅行的行事　　さきがけ❤3　しんがり♡4　アクセル★4　ブレーキ☆2
1 旅行的行事の目標 ………………………………………………………………………57
2 旅行的行事「修学旅行」実施の手立て・意識すること ……………………………57
3 旅行的行事の意義 ………………………………………………………………………61

8 体育的行事　さきがけ❤2　しんがり♡4　アクセル★2　ブレーキ☆4

1　体育的行事の目標 ……………………………………………… 63

2　体育的行事の手立て …………………………………………… 63

　🌱事前指導　🌱体育祭当日　🌱事後指導

3　体育的行事の意義 ……………………………………………… 67

9 通知表　さきがけ❤2　しんがり♡4　アクセル★5　ブレーキ☆2

1　通知表の目標 …………………………………………………… 69

2　通知表作成の手立て …………………………………………… 69

　🌱1学期：長所発見，肯定的評価　🌱2学期：1学期からの成長点

　🌱学年末：さらなる成長点

3　通知表の意義 …………………………………………………… 73

10 学校祭・文化祭（ステージ発表）　さきがけ❤4　しんがり♡2　アクセル★5　ブレーキ☆1

1　ステージ発表の目標 …………………………………………… 75

2　ステージ発表の手立て ………………………………………… 75

　🌱演出構成　🌱場面転換　🌱練習計画

3　ステージ発表指導の意義 ……………………………………… 79

11 合唱コンクール　さきがけ❤2　しんがり♡5　アクセル★3　ブレーキ☆2

1　合唱コンクールの目標 ………………………………………… 81

2　合唱コンクール指導の手立て ………………………………… 81

3　合唱コンクール指導の意義 …………………………………… 85

12 卒業式　さきがけ❤2　しんがり♡4　アクセル★5　ブレーキ☆3

1　卒業式の目標 …………………………………………………… 87

2　卒業式に向けた手立て ………………………………………… 87

　🌱3学期：卒業式前　🌱卒業式当日

3　卒業式の意義 …………………………………………………… 91

13 進路懇談会　さきがけ❤4　しんがり♡2　アクセル★4　ブレーキ☆2

1　進路懇談会の目標 ……………………………………………… 93

2　進路懇談会の手立て ……………………………………………………… 93

　　3　進路懇談会の意義 ………………………………………………………… 97

14 学級通信　　さきがけ♥3　しんがり♡4　アクセル★5　ブレーキ☆2

　　1　学級通信の目標 …………………………………………………………… 99

　　2　学級通信作成の手立て …………………………………………………… 99

　　3　学級通信の意義 ………………………………………………………… 103

15 キャリア教育　　さきがけ♥2　しんがり♡5　アクセル★3　ブレーキ☆3

　　1　キャリア教育の目標 …………………………………………………… 105

　　2　キャリア教育を指導するための手立て ……………………………… 105

　　　🌱進路選択に関わるもの　🌱進路選択に関わらないもの

　　3　キャリア教育を指導することの意義 ………………………………… 109

あとがき

第1章

中学校学級経営の構成要素

第1章 中学校学級経営の構成要素

「さきがけ」「しんがり」「アクセル」「ブレーキ」の４視点

1 学級経営の難しさ

学級経営は難しい──だれもがそう感じています。

世の中に学級経営が簡単だと思っている教師は一人もいません。しかも，その難しさは年々高まっているように思えます。世の中が学校教育に求めるものの質が上がり，教師の側から見れば年々学級経営のハードルが高くなっているのです。

ところが，だれもが難しいと感じている学級経営なのに，その「難しさ」が何に起因するのか，その「難しさ」がどこにあるのか，その「難しさ」とは何なのかということになると，多くの教師が意識していないのではないかと思われます。その「難しさ」の質を分析したことのある教師は，実はほとんどいないというのが現実なのではないでしょうか。

この文章を読むのをちょっとだけ休んで，「学級経営の難しさ」とは何なのか，それを考えてみてください。そしてできれば，それを言葉にしてみてください。きっとその作業を始めた途端に，私たちはそれが膨大な難問であることに気づくはずです。

2 学級経営の矛盾

学級経営の難しさはひと言で言うなら，その営みが「矛盾の巣窟」であることに起因しています。

例えば学校行事。生徒たちに企画・運営を任せても，なかなか良いアイディアは出ません。何日も続けて放課後に企画会議をもちましたが，みんなが「これは！」と思うような企画が浮かびません。３日目にもなると，企画会議メンバーの何人かは飽きてしまっています。飽きてきているというよりも，「どうせまとまらないのだから……」と徒労感を感じ始めているのです。４日目にはとうとう，何人かが家庭の用事を理由に欠席，いろんな意見を出しながら企画会議に一所懸命に参加してきた子に対して，「あいつが話を複雑にするからなかなか決まらないんだよな」という陰口も聞こえてきます。結局，１週間ほどかけて企画がなんとか決まったものの，教師から見ると質的には中の下……。こんなことなら，最初から教師主導で企画会議を進め，実質的に教師の案を通して質の高い企画にしとけば良かった……。教師はそんなことを感じています。

行事の当日を迎えると，教師主導で企画した学級は次々に質の高い発表が展開されます。そ

10

れに比べ，生徒たちに試行錯誤させながら企画運営してきた学級は，生徒たち本人は楽しんでいる様子に見えるものの，どうも自己満足に陥っているにおいがぷんぷんと漂っています。教師主導でこの行事に取り組んでいた学級の生徒たちも，活き活きとした表情で行事に参加している。教師主導でも生徒主体でも，結果的にはそんなに変わらないのではないか……。教師はそんなことさえ考えてしまいます。

いかがでしょうか。中学校教師なら一度は迷い込んだパラドクスではありませんか？

行事運営に限らず，学級経営の様々な要素を教師主導で進めるのか，生徒主体で進めるのか。教師はこの矛盾に苛まれます。いかなる教師もこの矛盾から自由ではいられません。

教師主導で進めれば「質」が担保されます。しかも教師としては，自分が勉強すれば勉強するほど，それを実現し具現化することができるようになります。勉強した分だけ成果が上がるようになるわけですから，教師は自己実現に近づくこともできます。教師としてのやり甲斐も感じられるようになります。

ところが，そういうやり方をしていては，生徒たちが育ちません。少なくとも生徒たちの成長が遅くなってしまいます。教育の究極の目的は「自立」です。自分の手で，自分たちの手でいろんなことにチャレンジし，一つ一つ克服していく。そういう体験のなかでしか，「自立」に向かうことはできません。それを熟知しているからこそ教師はこの矛盾に苛まれるわけです。

おまけに最近の学校はとても忙しく，放課後活動をする時間もほとんどありません。生徒たちに「自立」を促すような活動を保障しようにも，なかなかその時間を確保できないという現実もあります。

まったく困ったものです。なんとかならないのでしょうか。

3 生徒たちの多様化

言うまでもなく，最近の社会は多様化しています。生徒たちの体験は，これまで育ってきた各家庭によってまちまちです。教師が見たことも聞いたこともないようなことに興味をもって一所懸命に取り組んでいる生徒がいる一方で，教師が「中学生ならこのくらいのことは体験しているだろう」と思うようなことさえまったく体験していないということもよく見られます。

そんなにも社会が多様化しているというのに，学校教育は70年代，80年代とそれほど変わらずに運営されています。登校したら朝の会があり，授業が4時間行われ，給食を食べたら昼休み，さらに午後から2時間の授業，帰りの会があって清掃，放課後は部活動，その繰り返しです。世の中には面白いイベント，みんなが熱中するイベントがたくさんあるというのに，学校は相も変わらず陸上競技とメジャーな球技くらいしか体育的行事はありません。文化的行事も演劇や展示，装飾，合唱などがあるだけです。

私はこれらの1日のプログラムの在り方や行事の在り方を否定しているのではありません。

第1章　中学校学級経営の構成要素　11

社会が多様化し，生徒たちの体験も多様化しているなかで，実は演劇的なものといえば小学校の学習発表会しか見たことがない，合唱といえば小学校での体験だけ，そんな生徒たちが増えているのだと言いたいのです。かつて学校に時間的な余裕があった時代には，学校に地元の劇団を呼んで公演してもらうとか，学校に地元の合唱団や交響楽団を呼んで演奏してもらうとか，そうした行事がたくさんありました（札幌では一般に「芸術教室」と呼ばれていました）。生徒たちには，いわば「ホンモノ」を見る機会が保障されていたわけです。

　しかし，現在はどうでしょう。そうした「ホンモノ」に触れる機会は授業時数確保のために次々に削減され，いまではほとんどありません。生徒たちの共通項はかろうじてテレビ番組ですが，テレビの視聴率もどんどん下がるばかり。生徒たちが夢中になっているインターネット情報は自分で情報を選んで取得する媒体ですから，これは多様性を拡大させることはあっても，質の高いものを見たり聞いたりという体験を保障するものではありません。その意味では，学校行事，特に文化的行事の運営においては，まずは質の高いものを見せる，或いは質の高さとは何かを理解させる，そういうことが必要なのかもしれません。

4 ｜「さきがけ」と「しんがり」

　以上を踏まえて学級経営を考えるならば，学級経営における教師の姿勢として，生徒たちの前面に出て指導しなければならない場面と，生徒たちの後ろに引いて，或いは生徒たちの後ろに控えて，生徒たちに主体的な活動を担保することによって成長を促す場面と，ふた通りがあるのではないでしょうか。
「そんなことはわかってるよ」
「そんなことはあたりまえだよ」
「それが難しいんじゃないか」
　こんな声も聞こえてきそうです。しかし，この教師の姿勢の違いを無意識に行うのではなく，意識的に行うことが必要なのではないか。本書の提案の一つがこれなのです。

　例えば，同じ合唱コンクールという行事であっても，１年生では合唱の練習の仕方を指導したり毎日ビデオを撮って反省会を開いたりと，教師主導で行事の取り組み方の基盤をつくることに重きを置く。２年，３年と学年が上がるにつれて生徒主体の部分を増やしていく。そのために，１年生でも生徒主体の「さわり」だけは経験させておかなければならない。その方策には一般的にＡとＢとＣという三つがある。こんなふうに考えるわけです。要するに，同じ行事であっても，学年によって指導姿勢を変えるわけですね。

　また，同じように１年生の合唱コンクールの指導であっても，その指導時期によって教師の姿勢を細かく変えていくということも考えられます。合唱練習への取り組みが３週間あったとして，最初の１週間程度は指揮者・伴奏者・パートリーダーに主体性を発揮させてみる。そこ

でうまくいかない点を整理させ，次の週に３日間程度，教師が前面に出て指導し，方向性を定める。その後，最後の曲想づくりの段階では，生徒主体の練習体制をつくって教師は再び後ろに下がっていく。こんなふうにも考えられるかもしれません。

　本書では，この教師主導・生徒主体という二つの方向性における教師の基本的姿勢，在り方をそれぞれ「さきがけ的指導」「しんがり的指導」と名付けました。

【さきがけ】　教師が前面に出て生徒集団を引っ張る形の指導の在り方。

【しんがり】　教師が一歩退き，後ろに控えることで生徒集団を見守る形の指導の在り方。

　軍隊の先鋒を「さきがけ」と言いますが，この学級集団を引っ張るタイプの教師の在り方は特に説明を要しないだろうと思います。問題は「しんがり」であるわけですが，これは鷲田清一さんの次の例が最もわかりやすいだろうと思います。

　あるいは，登山のパーティで最後尾を務めるひと。経験と判断力と体力にもっとも秀でたひとがその任に就くという。一番手が「しんがり」を務める。二番手は先頭に立つ。そしてもっとも経験と体力に劣る者が先頭の真後ろにつき，先頭はそのひとの息づかいや気配を背中でうかがいながら歩行のペースを決めるという。要は「しんがり」だけが隊列の全体を見ることができる。パーティの全員の後ろ姿を見ることができる。そして隊員がよろけたり脚を踏み外したりしたとき，間髪おかずに救助にあたる。　　　　　　　　（『しんがりの思想――反リーダーシップ論』角川新書，2015）

　担任教師は学級において，集団統率能力においても，経験や判断力においても最も「秀でたひと」です。その担任教師が「しんがり」にいて，学級リーダー（二番手）を先頭に立たせる。学級リーダーは反社会型生徒や非社会型生徒に配慮しながら，その息づかいや気配を察知しながら運営していく。教師は学級集団全体を常に見渡し，彼らの後ろ姿を見ている。そして学級集団のだれかが集団の中でよろけたり集団から脚を踏み外したりしたときには，間髪を置かずに救助にあたる。要するに，「しんがり的指導」とは，こうした担任教師像です。

　学級担任は自分が前面に立たねばならない時期には「さきがけ」型教師として学級を引っ張り，いまは生徒たちに任せて成長を促すべきだと判断したときには「しんがり」型教師として後ろに控える。これを臨機応変に使い分け，学年が上がるにつれて基本的には「さきがけ」から「しんがり」へと姿勢を後退させていく。こうしたところに教師の在り方があるのではないか。私たちはそう主張したいわけです。

5 「アクセル」と「ブレーキ」

　もう一つ，学級担任が抱える大きな矛盾があります。学級担任が抱えるというよりも，学校教育が抱えると言った方が良いかもしれません。

　それは生徒たちに「頑張れ！もっとやれ！」「自分の頭で考えて主体的に行動しなさい！」という「促進」の教育機能と，生徒たちに「これをしてはいけない！」「正しく行動しなさい！」という「禁止」の教育機能と，指導事項に両面の機能があるという点です。あまりにもあたりまえすぎてなかなか意識されることがないのですが，実はこの矛盾こそが教師の両手両足を縛る源であると言っても過言ではありません。

　学級担任であることは，もっと言うと教師であるということは，生徒たちを前にして「アクセル」と「ブレーキ」を同時に踏みながら指導することを意味しているわけです。当然，ほんとうは「アクセル」を踏み続けたいのに，たった一人の生徒のために「急ブレーキ」を踏まざるを得ず，その「急ブレーキ」がこれまで「アクセル」を踏み続けて順調に走行していたペースを乱してしまう，なんていうことが頻繁に起こります。また，基本姿勢としては「ブレーキ」を踏むことで進めてきた生徒指導において，たった一人の保護者のクレームによって「ブレーキ」と「アクセル」の難しいバランスを取らざるを得ない，などということも起こります。結果，教師はいつ歩行者が飛び出してくるかもしれない，いつ自転車が出てくるかもしれないと予想しつつ，夕方暗くなって歩行者が見えづらくなってきているから気をつけながら運転しなければならないなどと状況を判断しつつ，いつ何が起こっても良いように「アクセル」と「ブレーキ」のバランス感覚を身につけなければならない，ということになります。

　本書では，この励まし中心・禁止中心という二つの方向性における教師の指導のベクトル，方向性をそれぞれ「アクセル的指導」「ブレーキ的指導」と名付けました。

【アクセル】　教師が生徒集団の成長を促すために，生徒主体の動きを促すような指導の在り方。

【ブレーキ】　教師が生徒集団の規律を維持するために，生徒の行動を規制するような指導の在り方。

　教職に就いて数ヶ月もすると，教師という仕事の本質がこの矛盾する二つのベクトルのバランスを取ることにあるということが見えてきます。しかも，場合によっては，ちょっとした判断ミスが致命的なミスとして後に大きな問題になり得ることも見えてくるものです。とすれば，場合分け思考をもとにしたシミュレーションを重ねることによって，こういう場合にはこういう判断……という原理・原則をもっておくことが，今日にとって非常に重要だと言えます。

6 マトリクス・チャート

　そこで私たちは、「さきがけ的指導」と「しんがり的指導」、「アクセル的指導」と「ブレーキ的指導」の四つが、学級経営においてどのように関連し、それぞれがどのように機能して運営されるべきなのかを分析することにしました。もちろん、教師主導を旨とする「さきがけ的指導」と生徒たちを規制することを旨とする「ブレーキ的指導」には親和性がありますし、生徒主体を旨とする「しんがり的指導」と生徒たちの成長を促すことを旨とする「アクセル的指導」にも親和性があります。

　しかし、学級経営とはもう少し複雑なもので、教師主導で生徒たちの心に火を点けようとアジテーションをかけるとか（「さきがけ的指導」かつ「アクセル的指導」）、教師が一歩引いて世の中のルールについて生徒主体で考えてみるとか（「しんがり的指導」かつ「ブレーキ的指導」）いったことがあるものです。ましてや、学級経営における諸要素（学級組織の運営や当番活動、席替えなど）を決める場合や学校行事への取り組みなどにおいては、この四つのベクトルが複雑に絡み合うことは、数年の教職経験をもてば、だれもが理解できるところです。

　私たちはこのような考え方に基づき、右のようなマトリクス・チャートをつくって、学級経営の諸要素、学校行事の運営について、学年ごとに分析してみることにしました。

　マトリクスは縦軸を「さきがけ的指導―しんがり的指導」、横軸を「アクセル的指導―ブレーキ的指導」とし、上方を「さきがけ」、下方を「しんがり」、右方を「アクセル」、左方を「ブレーキ」と取ります。

　そして、各々の値が高ければ高いほど、教師の指導としてはその方向の要素が強くなることを意味します。4点を結んだ四角形が左上に大

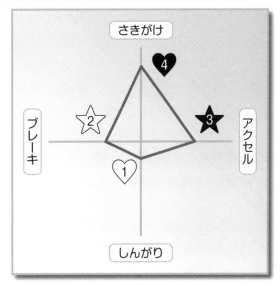

きくなればなるほど、その指導は教師主導の規制を旨とした指導ということになりますし、右下に大きくなればなるほど、その指導は生徒主体の活動を重視した指導の在り方ということを意味します。前者は全体主義に近づきますし、後者はどちらかといえばサービス業的なイベントに近づくとも言えるかもしれません。

　また、4点を結んだ四角形の面積が広ければ広いほど、教師の指導の在り方は困難であることを意味しますし、生徒たちのレディネスが必要とされるということも言えると思います。総じて、学年が上がるに従って、左上方の要素から少しずつ右下へと移行していく、というのが基本的な原則ということになります。

7 本書の構成

　次章から，中学校学級経営を構成する諸要素，行事の運営について語っていきますが，その
すべては次のような構成を採っています。

マトリクス・チャートによるその構成要素，学校行事の全体像

　まず冒頭に「さきがけ度」「しんがり度」「アクセル度」「ブレーキ度」の各々について，マ
トリクス・チャートを用いて，その全体像をおおまかに説明します。教育課程上の位置づけ，
生徒たちを指導していくうえでの留意点，学校行事であればその行事の特徴などが記述され，
その後の解説を読んでいくための方向性を提示する役割をもっています。

　読者はマトリクス・チャートを見ながら，それぞれの学級経営の構成要素，学校行事に対す
る自分のイメージと比較して，何が共通しているか，何が異なっているのかを考えてみると，
その後の解説を読むことがさらに有意義になるかもしれません。

担任力チェックリスト

　次に「担任力チェックリスト」と称して，学級担任がその学級経営要素，その学校行事を運
営していくうえで，どのようなスキルやキャラクター，人間関係を身につけていなければなら
ないかについて，できるだけ具体的に記述します。

　スキルやキャラクターについては，読者は「自分は自信がある」「自分には自信がない」と
いうことがあると思いますが，職員室の人間関係づくりについては日常的な心構えとして，い
かなる教師ももつべきだと考えて提示しています。学級経営を行っていくうえで，重要な指標
として捉えていただければと思います。

構成要素，学校行事の目標

　学級経営を構成する要素，或いは学校行事の目標を記述します。ただ単に教育課程上の目標
というよりも，その営みによって当該学年で育てたい力を明示するとともに，その際に教師が
留意しなければならないこと，構えとしてもたなければならないことについて，ごく簡単にで
はありますが解説します。

　学級経営に限らず，学校教育を構成するすべての営みは，目標に沿ってその手立てを考えな
ければなりません。最近は，方法論ばかりを追う教師が増えてきていますが，「目標」（＝目
的）のないところに「手立て」（＝方法）はあり得ません。その意味で，学級経営を構成する
要素一つ一つについて，その「目標」（＝目的）をしっかりと捉えることが必要なのです。

構成要素，学校行事の具体的手立て

　そして，いよいよ具体的な手立てです。学級経営を構成する要素ならば留意点や心構え，方
法をできるだけ具体的に，また，学校行事の運営であれば基本的に時系列でどのように取り組
んでいけば良いのかを具体的に解説していきます。もちろん，この欄に最も多くの紙幅を割い
ています。

それぞれの手立ての解説は様々な観点から様々に論じることになりますが，そのそれぞれについて，その取り組みが「さきがけ的指導」の要素が強いのか，「しんがり的指導」の要素が強いのか，また，「アクセル的指導」なのか「ブレーキ的指導」なのかを明示していきます。さらには，「さきがけ—しんがり」「アクセル—ブレーキ」のバランスをどのように取れば良いのかについてもできるだけ解説します。

📖 構成要素，学校行事の意義

最後にまとめとして，その構成要素，学校行事の意義について簡単に解説します。そのような具体的手立てを採るのにはどのような理由があるのか，教育課程上どのような位置づけがあってそのような手立てが採られるのか，また，当該学年の指導の特徴としてどのように位置づけられるのか，こういったその構成要素・学校行事の位置づけに基づいた意義が語られるわけです。こうしたことも「目標」（＝目的）と並んで，教師が常に意識しなければならない重要な視点です。是非，注意深くお読みいただければと思います。

8 再び，学級経営の難しさ

学級経営は難しい——そう冒頭に述べました。

だれもが難しいと感じている学級経営なのに，その「難しさ」が何に起因し，その「難しさ」がどこにあり，その「難しさ」が何であるのか，多くの教師が意識していないとも述べました。これを把握し，理解するためには，教員生活のなかで一度，学級経営を様々な要素に分解し，その一つ一つについて深く考えてみるという作業がどうしても必要です。要するに，学級経営をおおまかにイメージで捉えるのではなく，細分化して分析してみることが必要となるわけです。

今回，本書を執筆するために，私たちもかなり時間をかけて一つ一つの構成要素について話し合いを重ねてきました。ときには簡単に意見が一致し，ときには何度も議論を重ねて結論に到達しもしました。こうした営みのうえに成立した本書ですが，読者の皆さんにとって，本書が少しでも学級経営を考えるうえでの糧となるのであれば，私たちとしてもそれは本望とさえ言えます。本書を手に取っていただいた皆さんに，改めて御礼を申し上げます。

では，次章より，学級経営の構成要素について，また学校行事の運営について，具体的に述べていきたいと思います。

（堀　　裕嗣）

第2章

必ず成功する学級経営 365日の学級システム 中学3年

学級開き

いよいよ中学校生活最後の1年です。3年生は「進路の決定」というこれからを左右する決断があります。3年生担任は、最も責任ある1年と言えるでしょう。しかし、最もやりがいのある1年でもあります。

学級開きでは、ルールの定着やクラスメイトとの出会いだけではなく、進路に目を向けさせることも重要です。中学校3年生のゴールは、「教師の手助けがなくとも、高校でやっていける生徒」を育成することです。この目標が達成できるように、何に担任が取り組んでいくのか考えながら1年間の計画を立てましょう。

✓ 担任力チェックリスト

- ☐ こういう学級をつくりたいという考えをもっているか
- ☐ これを身につけて卒業させたいという思いをもっているか
- ☐ 些細なことでも気がつけるように、普段から生徒・環境・自分をチェックしているか
- ☐ 教室の環境によって、無意識のうちに生徒の雰囲気が変化することを理解しているか
- ☐ 生徒との距離を縮めるための工夫や手段を知っているか
- ☐ 自分のすべきことをリストアップし、計画的に作業することを得意としているか
- ☐ 自分の勤務する地域の受験システムを理解できているか
- ☐ カメラやプレゼンテーションソフト・動画編集ソフトなどの使用方法を熟知しているか
- ☐ 機会を失うことなく、叱る・褒める・励ますことができるか

1 学級開きの目標

　3年生の学級開きを成功させるポイントは，「学級ルールの定着」「卒業式」「進路」をスタートの3日間でどこまで意識させることができるかどうかです。「最高の中学校生活だった」と感じてもらうのは勿論のこと，「よし，次の世界でも頑張れる」という自信を生徒につけさせる1年にすることが大切です。そのためには，4月の段階で「どういう卒業式を迎えたいか」を生徒たちと話し合い，イメージさせておくことが必要ではないでしょうか。また，少数かもしれませんが就職を希望する生徒もいます。就職する生徒にとっては，「同世代と生活する最後の1年」です。楽しませることも大切ですが，それ以上に礼儀や振る舞いなど，今後の「幅広い年齢の方との生活・活動」を意識した指導が必要です。

2 学級開きの手立て

🌱2年3学期：3年生へつなぐ

　卒業式を見た直後なので，1年後の自分たちをイメージしやすい時期です。早い段階から3年生になった自分の姿をイメージさせ，良いスタートを切れるような語りや相談活動を組み込んでいきましょう。

❶進級への意識づけ

　学活で卒業式での頑張りを褒めましょう。後に学級通信を発行し，一人ずつ「何が良かったのか」褒められるくらいに観察することが必要です。あなたが学年集会の企画担当ならば，3学年の先生に参加してもらい，生徒たちの感謝の気持ちや学年の先生の卒業式に向けた思いを話してもらうのもよいかもしれません。そのうえで，「どういう卒業式を迎えたいか」「学校の顔とはどういう生徒か」を話し合い，最上級生の姿を生徒たちに考えさせましょう。「現在の位置」をしっかりと知り，理想的な最上級生に近づくためには何をすべきなのかをイメージさせましょう。春休み中に考えるのもよいでしょう。

さきがけ♥・アクセル★

❷生徒の様子を見る

　3年生では，いよいよ進路を決断することになります。進路を切り拓くためには，「第一印象（見た目・挨拶・言葉遣い）が大切である」ことを話し，服装や言葉遣いに対する意識を高めておきましょう。あなたのアルバイトや採用試験に向けて勉強した体験談，同じ学年に所属している期限付き教諭の努力する姿などの話を付け加えると，説得力が増します。

　心配な生徒については，教育相談など個別で話す時間を設けましょう。クラス替えがある場合は，学級編成会議のときに名前をチェックし，性格や指導の留意点などを当時の担任に尋ねておきましょう。春休みの様子を保護者に電話確認したり，部活動の様子を見学したりするのも良い方法です。また，春休みに学習会を開催する手もあります。学力向上もできるので一石

二鳥です（残念ながら，来てほしい生徒に限って来ないのですが……）。

さきがけ♥・ブレーキ☆

🌱春休み：担任のイメージづくり

　教材研究をするときは「何をできるようになってほしいか」とゴールから考えるはずです。学級経営も同じようにゴールから考えましょう。それから，「最高のゴールをするために何が必要か」を考えていけば，スタートで苦労することはそんなに多くないと思います。

❶卒業式での語りを考える

　あなたが卒業式後の最終学活で「何を語るのか」「生徒の心に何を残したいのか」を考えましょう。それが，あなたの学級のゴールとなります。最終学活での語りは，最初の３日間と同様にクラスの生徒全員が話をしっかり聴いてくれる魔法の時間です。生徒の心に残る語りを考えておきましょう。

さきがけ♥・アクセル★

❷学年のルールづくり

　生徒とともに持ち上がった場合は，前年１年間の学年を見ていて気になった点や改善すべき点をまとめておきましょう。そして，必ず最初の学年会で確認をしておきます。学級ごとにばらつきが出てしまうと，「あの学級はいいのに不公平だ」と始まります。生徒には「昨年度，○○が気になって，春休みに先生方で話し合いをしました。結果，△△になりました」と伝えるだけでよいです。

さきがけ♥・ブレーキ☆

❸進路について予備知識を入れる

　読者の方の多くは，「３年生初担任なんです」という若手の方だと思います。はじめの頃，私が一番困ったのが「進路指導」です。まず，受験のシステムを知らなくてはいけません。幸いにして私は札幌出身で札幌の公立中学校勤務なので，合否判定などおおよそのシステムは理解していました。しかし，他県から来られた方は，１から理解しなければいけません。また，進路は懇談を行うことで決定します。事前に調査を行っていても，突然「○○高校はどうですか？」「奨学金なのですが……」などと聞かれることもあります。学校の大まかな特徴やレベルなどは知っておく必要があります。

　札幌の場合，受験できる学校は札幌市近郊を含めると公立高校だけでも50校以上あります。進路担当に資料をもらったり，受験情報誌を用意したりして調べられるようにしておきましょう。前年度３学年を担当していた先生がパンフレットを保管していることもあります。古い資料かもしれませんが，それでも生徒たちは楽しそうに見るものです。そうやって，自分たちで調べることの大切さを伝えましょう。

しんがり♡・アクセル★

❹教室の環境を整える

　春休みに限らず，毎日帰る前には教室の環境を確認しておきましょう。机への落書きやキズがないかのチェックは勿論ですが，教室が学習に集中しやすい環境になっているかチェックし

22　学級開き

ましょう。特に，教室の前面の様子が重要です。教師の机上（教卓）などがキレイになっているかも確認してください。生徒に示しがつかないのもありますが，黒板以外の部分に目がいってしまい，授業に集中するどころではなくなります。物品の過不足については，前年度末の大掃除のときに生徒を割り当てて確認してもらいましょう。

さきがけ♥・ブレーキ☆

❺学級通信をつくる

慌ただしい始業式をスムーズに進めるために学級通信１号を準備しておくとよいでしょう。内容は①担任・副担任紹介，②出席番号と生徒の紹介，③今週の予定，④３年生を迎えるにあたって，⑤入学式についてくらいでしょうか。また，最後の１年なので写真を撮り，通信に掲載することも多いと思います。写真の掲載をして構わないかを確認する一文も載せておくと親切です。

さきがけ♥・アクセル★

❤3年生1日目：出会いとツカミ

新学期１日目，最大のイベントが「クラス替え」と「担任発表」です。持ち上がりの場合，クラス替えのような感動的な出会いとはなりませんが，「このメンバーで最後の１年を生活するぞ」「学校の顔として恥ずかしくない行動を心がけるぞ」となれるように頑張りましょう。

❶楽しい出会いを演出する

１日目は生徒との出会いを楽しみましょう。「堀先生の方が良かった人，手挙げろ〜。……後で覚えておけよ〜」などと生徒との会話を楽しみながらスタートを切りましょう。

さきがけ♥・アクセル★

❷様子を観察する

３年生のはじめに，スカート丈を短くしたり，シャツを出して廊下をうろついたりと服装や行動に変化が見られることがあります。もともと兆候はあったものの，最上級生となり先輩から目をつけられて言われることがなくなるからと考えられます。部活動でよく見かける「３年生の引退後に２年生が調子に乗り始める」のと同じ現象です。見かけたらその場で直させ，早めに芽を摘んでいきましょう。高校の先生が中学校を訪問したときに，様子を見ていることを伝えるのもよいでしょう。中学校の顔として，見られる存在になっていることに気づかせましょう。

さきがけ♥・ブレーキ☆

❸中学3年生を語る

最初の数日間は，よほどやんちゃな生徒でなければ，しっかりと話を聴いてくれます。その間に話をしておくとよいと思います。特に「卒業と進路」について語っておきましょう。小学校と中学校とでは，卒業の意味合いが違います。小学校では，（受験をしなければ）卒業後に進む学校が決まっています。しかし，中学校の卒業後は進学や就職など様々な道があります。自分で考え，選択することが重要であることを伝えましょう。中学入試を経験していない生徒にとっては，高校受験が初めて自分の道を切り拓く場面となります。不安や心配を抱える生徒

も多く出てきます。希望をもち，諦めずに頑張ろうと思えるような話をしましょう。進路実現のためには，学級の雰囲気が大きな力になります。　　　　　**さきがけ♥・アクセル★**

❹学級写真を撮影する

　事前に副担任の先生にお願いし，「最後の１年，受験もあるけど頑張るぞ」という気持ちをポーズに表して写真撮影を行います。この写真は学級通信だけではなく，１年間撮りためた写真とともにスライドショーを作成して，卒業式前日に鑑賞会をするのがお勧めです。１年間を思い出して感傷に浸ったり，成長の様子を見て楽しんだりします。　　**さきがけ♥・アクセル★**

🌱 3年生2日目：最上級生として

　最上級生としての姿を初めて大勢の前で見せる場が「入学式」です。生徒の最上級生としての意識をより高めるとともに，頑張る姿をしっかりと褒められるように心がけましょう。

❶入学式の前に

　入学式の日なので全体的にバタバタしている１日ですが，ここも有効活用しましょう。朝の学活などで「入学式の思い出」や「就職したときどんな先輩がいたら，あなたは助かるか」「後輩が憧れる先輩とは」など様々なことを話し合ってみるとよいでしょう。先輩として，どういう姿勢で入学式に参加するのが望ましいかをイメージさせます。　**さきがけ♥・ブレーキ☆**

❷入学式の後に

　スタートした直後は，「最上級生だ。頑張るぞ」と強い決意をもって登校しています。また，多くの生徒はそれを実行に移しているはずです。その姿をしっかりと観察し，生徒に紹介していきましょう。入学式では，式場準備・座礼・話を聴く態度・合唱（校歌紹介）など褒める場面は多くあります。どんどん褒めて，最上級生の自覚を高めていきましょう。

しんがり♡・アクセル★

🌱 3年生3日目：学級のルールを確定する

　どんな生徒も話を聴いてくれる魔法の３日間，最終日です。授業や当番活動が本格的にスタートする日です。しっかりと学級のルールを理解させ，必要に応じて指導をしながら担任が不在でも自分たちで動くことのできる集団をつくり上げましょう。

❶学級ルールの確認

　学年でルールを統一しているならば，２年間で生徒もルールを熟知しています。事細かに確認する必要はないでしょう。変更点や春休みに確認したルールを生徒に伝えます。前年からの変更点については趣旨をきちんと説明し，理解させましょう。「一度決めたルールは簡単に変更してはいけない」こと。「変更するときには，きちんと意味がある」ことを理解させなければいけません。伝えたルールは最初の１ヶ月を使って徹底させましょう。不公平感は，学年・学級が崩れる元です。

　学年でルールを統一していない場合は，ルールを徹底させることのできる最初で最後の機会

24　学級開き

です。スタートを失敗すると，後から挽回することなどできません。担任が居なくても生徒たちが自主的に活動できるよう，ルールをしっかりと確認してください。

しんがり♡・ブレーキ☆

❷学級の方向性を定める

　１日目に，学級の雰囲気が進路実現の大きな力になることを話しました。３日目には「どういう学級の雰囲気が望ましいか」担任の思いを話していきます。そして，実現のためのキーワードを一緒に考え，挙げていきましょう。そのときに，私は合唱コンクールの話をしています。合唱コンクールは秋頃に実施され，これが終わると受験に向けて突き進むだけとなります。つまり，合唱コンクールが３年間の中学校生活の集大成ということです（本当は卒業式なのですが……）。この行事をどのように終わりたいかを生徒と話しています。多くの場合，「最優秀をとりたい」と言うと思います。そこですかさず，「じゃあ，朝の挨拶や正しい服装を心がけないとね」と言いながら学級ルールをつくっていきます。乱れたときも怒る・叱るではなく，「あのときの目標は諦めたの？」などと優しく語りかけ，直させます。　さきがけ♥・アクセル★

3　学級開き指導の意義

　３年生の学級開きの成否はシステムの定着だけではありません。受験を希望する生徒には，「（根拠などなくてよいので）自分は勉強ができるんだ」「○○高校に合格してやる」などと勉強を頑張ろうとする気持ちをもたせ，授業に向かう姿勢をつくることができて，初めて成功と言えるでしょう。

　一方，就職を希望する生徒は，「一つの行事を真剣に取り組むことの大切さ」を伝えられたかどうかが成否を分けます。同世代とともに一つのものをつくり上げた行事の経験を活かし，今度は様々な年代で構成される職場でも活躍できているかどうかが評価の基準になるのだと思います。

（山﨑　　剛）

学級組織

　3年生では修学旅行や卒業式，最高学年で迎える学校祭，合唱コンクールといったビッグイベントが多くあります。担任としては，これらの重要な行事を成功させ，生徒に充実感や達成感を味わわせたいものです。しかし，単純に「楽しかった」という感想で終わるだけでは成功とは言えないのが3年生です。3年生に求められるのは自立した活動や自治的な活動です。学級組織が機能し，それぞれが役割を果たすことやリーダーとフォロワーが連携することで行事を自分たちの力でつくり上げることができます。こういった自治的な活動が実現できて初めて成功と呼べるのです。

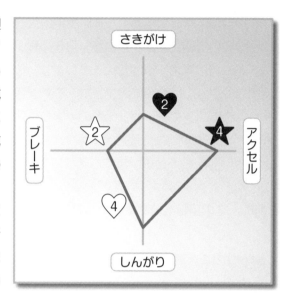

✓ 担任力チェックリスト

- ☐ 学級組織づくりが学級経営をするうえで重要であると感じているか
- ☐ 学級組織の在り方について生徒に語ることができるか
- ☐ 学年教師団の中で自分は組織的に動けているか
- ☐ 教師以外で組織的に働いた経験があるか（学生時代のアルバイトなど）
- ☐ リーダーの育成を楽しめるか
- ☐ リーダーの資質を見極められるか
- ☐ これまでの人生でリーダーを務めた経験はあるか（部活のキャプテン，生徒会長など）
- ☐ 学級組織を機能させるための教師の立ち位置を把握しているか
- ☐ 年度の最初に，卒業式の日に生徒が成長した姿をイメージしているか
- ☐ 年度の最初に，卒業式の日に学級が成長した姿をイメージしているか

1 　学級組織づくりの目標

　3年生での学級組織づくりにおいて目指すべき目標は，**学級が自治的に機能することと，それを活かして学級だけでなく学校全体をよりよくすること**です。2年生においても学級を自治的に機能させることを目標としましたが，3年生においては学級を自治的に機能させるだけでなく，学年や学校全体に貢献できる集団になることを目指します。しかし，これは1年生から学級組織の在り方やリーダーの役割を生徒が理解して順調に成長した場合に限り目指すことができる目標です。状況によっては学級組織の在り方やリーダーの育成から指導を始めることが必要な場合もあります。そこが疎かになったまま学校をよりよくしていく活動はできません。

　学級が学年や学校全体に良い影響を及ぼすことができると学校自体が良くなります。特に3年生は学校の顔です。3年生の振る舞いを見て1，2年生は真似をします。部活動，学校行事，生徒会活動など3年生が後輩に指導したり，手本を見せたりする場面は多くあります。そんな場面で最高学年としてふさわしい振る舞いができるか，それとも見習いたくない恥ずかしい先輩になるかは日常的な学級の活動の仕方にかかっているのです。3年生の担任を持つとき，良くも悪くもその学級経営が学校全体に影響を及ぼすことを自覚しなければならないのです。

2 　学級を自治的に機能させるための手立て

🌱学級組織づくりの前に

❶ゴールイメージをもたせる

　3年生になると，学級組織決めの際にどの役職がどんな仕事なのかを細かく説明する必要はありません。ですからここで説明すべきことはゴールイメージです。最高学年として学校にどのような影響を与えていくべきなのか，1，2年生との責任の重さの違いは何なのか，そしてどのように卒業式を迎えたいのかを時間をかけて説明することが大切です。このゴールイメージが共有できると，役職に就いた生徒もこのイメージをもって仕事をするようになるので学級全体が担任の目指す姿に近づきます。　　　　　　　　さきがけ♥・アクセル★

❷代表委員の立候補を制限する

　代表委員を決める際に，事前に何も制限をかけないと，能力的に難しい生徒がノリや勘違いで立候補してくることがあります。これを全体の場で退けるのはなかなか難しいものです。やらせてあげたい気持ちもありますが，最終的に学級に迷惑をかけたり，本人が抱えきれなくなってしまったりする恐れがあります。そうなると担任としては大きなリスクを背負ってしまいます。3年生は修学旅行もあります。代表委員はとても重要な役割を果たすのでふさわしい生徒に立候補させて学級経営を安定させたいものです。そのためには事前の説明で代表委員に必要な資質を説明しておくことが重要です。　　　　　　　　さきがけ♥・ブレーキ☆

❸約束事を確認する

　役職に就いた生徒が任期の途中で自分の役割を投げ出したり，適当にやったりしてしまうと学級が機能しなくなる恐れがあります。また，その態度や雰囲気は他の生徒に飛び火してしまうこともあります。役職の任期は大抵半年です。半年間という長い期間，責任をもってその役職を全うさせるためには最初に約束事を確認しておくことが重要です。生徒は最初に約束を確認して道筋をつけてあげると頑張りやすいものです。また，担任はその約束が守られているかを常にチェックをすることを忘れてはいけません。

さきがけ♥・ブレーキ☆

ミニコラム ▶ 立場で仕事をさせる

　学級組織には学級代表や班長のように指示を出したり，注意をしたりする立場の生徒とそうでない立場の生徒がいます。同じ年齢の中学生同士でこの関係を保つことは簡単なことではありません。仲の良い友達に注意をするのは嫌なものです。ですから人間関係と学級組織の立場を切り離して考えるということを最初に約束させることが重要です。一般の会社においても同じ年齢や年下の人が上司になることがあります。気は遣うかもしれませんが，仕事上の配慮は一切しないのが社会人としての常識です。学級においてもなれ合いや遠慮のせいで学級が機能しなくなることを防がなければならないのです。

---

❹事前アンケートをする

　３年生の担任は主に２年生からの持ち上がりの場合と，学級編成をして他の学年や学校から異動してきた新しい教師が担任に入る場合の２パターンがあります。前者の場合は生徒の性格や特徴を担任が把握できているので新年度の学級組織に対する担任の構想を描くことができます。

　さらに，事前にアンケート調査を行うことで担任の構想と生徒の意思を照らし合わせることができます。そのアンケート結果を参考に個別に話をして担任の思いを伝えたり，意欲を喚起したりして根回しをすると担任の構想に近い学級組織が出来上がります。一方，後者の場合はこれまでの２年間の役歴と教師間の評判しか情報がありません。そうなると事前のアンケート調査は必須になります。私は以前，他の学校から異動した年に３年担任になり，生徒の顔と名前も一致しないまま学級組織を決めたことがあります。その時は立候補が少なく，スムーズにいきませんでした。生徒のこともよくわからなかったのでうまく声をかけることもできず，難儀した覚えがあります。せめて，事前のアンケートを行っていれば，個別にアプローチできたと後悔しています。アンケート調査を行えば必ずしもうまくいくとは限りませんが，やらないよりはやった方が使い道はあるものです。

さきがけ♥・アクセル★

学級委員希望調査

番　　　氏名

希望するものを○で囲む

学級代表	・やりたい	・やっても良い	・興味がある	・やらない
学級議長	・やりたい	・やっても良い	・興味がある	・やらない
学級書記	・やりたい	・やっても良い	・興味がある	・やらない
生活委員	・やりたい	・やっても良い	・興味がある	・やらない
文化委員	・やりたい	・やっても良い	・興味がある	・やらない

🌱学級組織づくり後

❶学級代表の指導

　学級代表は学級のトップリーダーとして，修学旅行をはじめ多くの場面でリーダーシップをとります。学級代表が学級の要になることは明白ですから，彼らを指導することは学級経営上とても重要な要素になります。ここの指導が疎かになってしまうと生徒も成長できないし，教師も苦労することになります。ポイントとしては，教師が主導して生徒に活動させる場面と生徒が主体となって活動する場面を決めておくことです。そしてそれを明確に生徒に伝えることがとても大切です。学級代表になるような生徒ですからそれなりに能力はあるし，意欲もあります。しかし，何をどのように頑張ればよいのかがわからなければ，良い働きはできません。ですから担任は学級代表と密に連携をとり，学級代表としての考え方や動き方を教え込むことが大切です。

しんがり♡・アクセル★

⑴　日常の活動

　日常の活動の中にも学級代表の役割は当然あります。学級全体を見て学級が機能しているかをチェックするのが学級代表の役割です。例えば，掲示物がはがれていたら担当の係長に報告し，担当者に直すように指示させます。また，授業中私語をする生徒がいたときはその班の班長に言い，注意させます。両方とも回りくどいかもしれませんが，学級をより組織的かつ恒久的に機能させるためにはこのシステムの方が有効なのです。担任は学級代表に学級の全体を見るときの視点や指示の仕方を教え，組織的に学級を機能させるよう指導します。

しんがり♡・アクセル★

⑵　修学旅行

　修学旅行では，学級代表にはもう一人の先生のような動きを要求します。次にいつ点呼があるのか，集合時間は何時なのか，今は班行動の時間なのかなどしおりに書いてあることを先読みさせます。また，集合場所のスペースを見てどの隊形で並んだらよいかを考えさせたり，並んだ後に座らせて静かにさせたりするところも学級代表だけでやれるように指導します。教師

は口を出さずに見守り，なるべく生徒だけで活動させます。修学旅行から帰ってきたときに，生徒に自分たちの力で行事を成功させたという感覚をもたせます。しかし，これは最初からできるものでもありません。学年集会を生徒だけで運営させたり，事前に何度もシミュレーションをしたりして集団の動かし方や指示の出し方を訓練する必要があります。

しんがり♡・アクセル★

(3) 集会指導

　学年集会での学級代表の役割は整列させることと集会を進めることです。３年生ですから最初から最後まで教師が口を出すことなく集会を運営することを目指します。特にみんなの前で話す訓練は徹底的に行います。①原稿づくり②暗記③自主練④全体リハーサル⑤本番という手順で行います。全体リハーサルのときに原稿を暗記していなかったり，しどろもどろになっていたり，棒読みだった場合は何度もやり直しをさせます。ここの指導が一番厳しくなります。場合によっては翌日に延期することもあります。ですから，全体リハーサルは日程的に余裕をもって設定することをお勧めします。これだけ手間暇をかけるのは学級代表に本番で恥をかかせないためだけではなく，学年のみんなに代表の威厳と信頼を示すためなのです。集会で真剣に話している姿にみんなは聞き入ります。それと同時に感心します。ここで信頼を得ることができるとその後，学級や学年でリーダーシップを発揮しやすくなるのです。

さきがけ♥・アクセル★

ミニコラム ▶ リーダーには様々なタイプがいる

　教師は，生徒に求めるリーダーの条件として大きな声が出るとか，元気があるとか，誰とでも気さくに話すことができるというものを挙げがちです。しかし，目立つことや前に出ることだけがリーダーの役割ではありません。「安田大サーカス」というトリオのお笑い芸人のリーダーは，自分の両サイドに立っている体格の良い二人を活かしつつ，最後のオチでは自分が前に出て主役になり，笑いをとります。典型的な前に出るリーダータイプです。一方，同じくトリオの「ダチョウ倶楽部」のリーダーは，全体のバランスをとりながら最後は自分以外のメンバーにおいしい思いをさせて笑いをとります。前に出ないリーダータイプです。生徒にもいろんな性格の子がいます。型にはまったリーダーを押しつけるのではなく，その生徒に合ったリーダーの在り方を見つけてあげるのも教師の裁量ではないかと思います。

---

❷目立たない活躍を評価する

　学級には代表や班長のようにリーダーシップを発揮する役割もあれば，棚を整頓したり，電気を消したりする目立たない役割もあります。前者の活躍はわかりやすいので褒める場面も多

くつくることができます。しかし，後者の活躍は見過ごしがちです。３年生ともなると職人か
と思うくらい黒板をきれいにできる生徒や机をまっすぐに整頓できる生徒がいます。これらの
能力もおおいに評価されるべきなのです。担任はこの職人たちが地味に学級を支えているとい
うことに気づかなければならないのです。

さきがけ♥・アクセル★

❸特別な組織

　２年生から継続して自治的な活動を順調に行っていると，３年生になる頃には自分たちの活
動を学級をよりよくしていくためだけではなく，学年や学校全体をよりよくしていく活動に発
展させることができます。例えば，学級独自で本来15分の教室清掃を10分で終わらせる高
速清掃を２年生のときに行っていたとします。２年生の段階では効率的に清掃することができ
たことで自分たちが得をして終わりでした。しかし，３年生ではそのつくり出した５分間を学
年のフロアやホールの清掃にあてます。たった５分間ではありますが，学校に貢献できていま
す。もしかしたらそれを見た他の学級も興味をもち，真似をするかもしれません。そうなれば，
貢献の輪が広がります。私は過去に３年生の担任を受け持ったときに，学級の生徒の中から班
長と係長を合わせた合計10名程度の特別な組織をつくり，学校に貢献できる活動を考えさせ
たことがあります。当時はこの組織を「一流会」と呼んでいました。一流の学校をつくるとい
う意味を込めて組織しました。そのときの学級は２年生からの持ち上がりだったのでこの「一
流会」は２年生のときから組織していました。２年生のときは主に学級の問題点を解決するこ
とや学級をよりよくするための活動を考えることがテーマでした。３年生になり，ターゲット
を学級から学校に変えました。２年生のときに話し合う訓練や手法を教え込んでいたので，３
年生で学校に貢献する活動を考えることはそれほど難しいことではありませんでした。このよ
うに学級組織が順調に機能していくと，学級の枠を越えて学年や学校をよりよくしていくこと
が可能になります。そうなると生徒も成長するし，学校にも良い影響を与えることができて一
石二鳥です。

しんがり♡・アクセル★

3 　学級組織の意義

　３年生では学級組織を機能させ，自分の学級だけでなく，学年や学校全体をよりよい集団に
していくことを目指します。これは生徒たちが将来社会に出たときに自分の職場環境をよりよ
いものにしていく力をつけるための訓練でもあると思います。社会に出て「与えられた環境の
中で役割を果たしていく」ことも当然大切ですが，それに加えて「環境をよりよくしていく」
ことができるとその人の存在価値は大きく上がることでしょう。もしかしたら働くうえでのや
りがいというものもそんなところから見つかるのかもしれません。中学生という段階において
組織を機能させ，よりよい集団を形成していくという経験が，将来社会で活躍できる一助にな
るのではないかと期待しています。

（高村　克徳）

第２章　必ず成功する学級経営　365日の学級システム　中学３年　31

当番活動

　3年生であっても当番活動が学級経営の根幹であることに変わりはありません。ルールの徹底こそが指導のベースになります。その点に関して，もしもあなたが1年生から関わってきた学年であれば，いくらかのアドバンテージがあるでしょう。過去にあなたの学級に在籍していた生徒は，当番活動の要領を得ています。他の生徒の手本となり，ルールの徹底に一役買ってくれることでしょう。

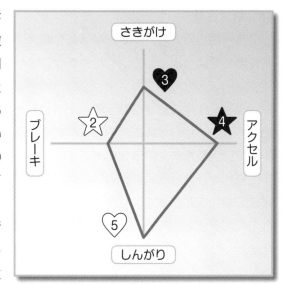

　とはいっても，3年生ですから一から十まで教師主導というのでは，いささか寂しい気もします。基本となるルールを学級に授けた後，生徒の力でどう発展させていくのか。3年生の学級経営だからこそできる面白さでもあります。

✓ 担任力チェックリスト

- ☐ 学年の決められた給食・清掃手順を守って指導することができるか
- ☐ 給食や清掃の当番活動を黙って見ていることができるか
- ☐ ルールを徹底して指導することができるか
- ☐ 生徒に任せる心の余裕があるか
- ☐ 隣の学級に配慮して学級経営をしているか
- ☐ 生徒一人ひとりがどのように当番活動に取り組んでいるかを把握しているか
- ☐ 給食時間を楽しむことができるか
- ☐ 他学年や他学級の当番活動に興味があるか
- ☐ 常に効率の良い方法を模索しているか
- ☐ 卒業後を見据えて指導にあたることができるか

1 | 当番活動の目標

　3年生といっても当番活動の第一義的目標は1，2年生と同様，全員がしっかりと当番活動を行うことであることに変わりはありません。しかしながら，義務教育最後の1年間の目標がそれまでと変わり映えしないのでは，物足りなさを感じることでしょう。ましてや，持ち上がりの学級であれば，停滞感さえ生み出してしまうかもしれません。

　3年生には，これまでに教師側が与えてきた様々な基本となるルールをベースにしながら，自分たちの学級により適したルールへとバージョンアップさせることを経験させたいものです。このことは，主観的だった視点から少しずつ客観的な視点を獲得しつつある3年生だからこそ，ときに任せたり，委ねたりできる部分ではないでしょうか。

2 | 当番活動を指導するための手立て

【3年生の指導にあたって】

　3年生を指導するうえで，教師がどのようなゴールイメージをもつかがとても重要です。例えば，3年間の集大成としての学級経営をイメージしている場合と，卒業時に学級の一人ひとりがどのような能力を身につけているのかをイメージしている場合とでは違いが生まれてくるでしょう。

　いずれにせよゴールイメージが指導する際の伝え方や教師の立ち位置を決めることになるのは間違いありません。学級開きをする前に必ず考えておかなければなりません。

さきがけ♥・アクセル★

　清掃や給食の手立てそのものは大筋で1，2年生と大きく変わるものではありません。しかし，3年間を過ごす中で微修正を加えたくなることがあります。例えばそれはあなたの教職経験年数によるものかもしれませんし，例えばそれはあなたがその学校特有の文化に気づいたことによるものかもしれません。あるいは，日々の研鑽による教育観の変化によるものかもしれません。

さきがけ♥・ブレーキ☆

🌱共通編
●和を乱さずに変化を加える

　所属する学年が当番活動について学年共通のルールを作成している場合はそれに従うのが大原則です。そのような学年であればおそらく，教師も生徒も勝手を知っていることでしょう。ルールを徹底するのに時間も労力もさほど必要ないかもしれません。

　ここでいったん考えてみましょう。そもそも，何のために学年共通のルールがあるのでしょうか。一つには，学年が上がるときの学級編成を視野に入れているということがあるでしょう。

進級時，新しい学級での学級開き。清掃や給食についても新しい学級でのルールの確認が行われます。仮に，前年に各学級がそれぞれ独自のルールで当番活動を行っていたとしましょう。すると，生徒から「去年のルールの方がやりやすい」「去年の方が効率的だ」などという声が上がらないとも限りません。また，前年までのルールがついつい体に染みついていて，新しいルールを覚えるのに邪魔をするといったこともあるでしょう。いずれにせよ，新学級を開くうえで足かせとなる可能性があるのです。学年が上がる度に大幅なルール変更があったのでは，教師にとっても生徒にとっても負担が増えることは間違いありません。

　また，学年共通ルールを採用する別の理由として，学級間の差異が生まれることも考えられます。隣の学級では清掃時間に音楽をかけながら，和やかな雰囲気で清掃をしている。片や自分の学級では，掃除時間を競うように急かされながら掃除を行っている。学級経営上の優越は別にして，生徒目線でいえば圧倒的に前者の方が魅力的です。

　あるいは，繰り返しになりますが当番活動は学級経営上，学級に秩序をもたらす重要なポイントです。機能的な当番活動を行っている学級とそうでない学級では，どうしても学級経営に差が出てしまい，そのことが原因で学級崩壊につながることも珍しくありません。結果的に，自分が担任する40人の学級生徒に有益な学級経営であったとしても，その何倍もいる学年の生徒にとって不利益な学級経営だとしたら，やはり一考の余地があります。

　以上が学年共通ルールの理由として考えられるわけですが，しかしながら，３年生に関してはこの考え方が当てはまらない部分があるのも事実です。例えば，次年度の学級については全く考慮する必要がありません。そういう意味では，他学級に迷惑をかけない程度に裁量があってもよいでしょう。持ち上がりの学級であれば，前年１年間行ってきたルールを少し変えた方が機能すると確信していることもあるでしょう。そういったマイナーチェンジは行うべきだと私は考えます。なぜなら，修正すれば機能することがわかっているのに，手を加えないことは教師自身のフラストレーションとなり精神衛生上良くないだけでなく，生徒にもその指をくわえて見ている状況が伝わってしまうからです。ましてやあなたが経験年数の浅い若手教員であるならば尚のこと修正するべきでしょう。基本的に，他学級との足並みを揃えたり，学級格差を配慮したりしなければならないというのは，経験豊富なベテラン教員が考えるべきことです。

さきがけ♥・ブレーキ☆

🌱清掃編
❶役割分担について再考する

　多くの場合，１年生のときに決めた役割分担をそのまま踏襲しているのではないでしょうか。しかし，小学校を卒業したばかりの１年生と体格も大人に近づいている３年生では，その能力に差があって当然です。役割分担についてもその点を考慮に入れて，もう一度検討してみる価値はあります。あるいは，その点について実際に掃除を行っている生徒に意見を聞くのもよい

34　当番活動

でしょう。

さきがけ♥・アクセル★

❷掃除道具について再考する

　あなたは，日頃から100円ショップやホームセンターなどに足を運ぶ方でしょうか。もしも，あまり普段そういった場所に縁のない生活をしているのであれば，一度足を踏み入れてみてはいかがでしょうか。最近の100円ショップは以前にもまして品揃えが豊富です。

　主要な掃除道具については，学校で決められているものを使用するほかないでしょう。モップやほうきなどを変えてしまうことは，学校全体に関わることですからそう簡単に行うべきではありません。しかし，補助的な道具を使用して掃除がスムーズに，またよりきれいに行えるのであれば，積極的に採り入れてもよいのではないでしょうか。日常の清掃活動だけではなく，大掃除の時期にも重宝する便利グッズをいくつかご紹介します。

(1)　化学雑巾

　これは知人の紹介で知ったのですが，私の学級では100円ショップで売られている化学雑巾を黒板消しの仕上げに使用しています。これは腕力に自信のない生徒にも好評で，黒板の仕上がりが以前にもましてきれいになりました。マイクロファイバーを使用しているこの雑巾は，黒板だけでなくテレビの裏などの埃を取るのにも重宝します。

(2)　重曹スプレー

　また，大掃除のときには，洗剤ではなく重曹スプレーやセスキ炭酸スプレーを使用しています。これによって教室のドアや壁などについている手垢などのアルカリ性の汚れがきれいに落ちます。これらは人体への影響も少ないのでアレルギーをもつ生徒に配慮することにもなるでしょう。

(3)　メラミンスポンジ

　いまや掃除グッズの代表格とも言えるメラミンスポンジも100円ショップで手に入れることができます。ただし，メラミンスポンジを使用する場合は少し注意が必要です。床などのワックス材なども取れてしまう恐れがあるので，用務員さんとも相談し，使用する場所を限定しましょう。

(4)　窓クリーナースプレー

　泡を吹きつけて窓を磨くタイプのものを指しています。教室入口の引き戸の窓などを掃除する際には，液体洗剤を使用するよりも効率的です。洗剤の拭き取り残しなども気にする必要がありません。

　他にも，チョーク受けの掃除に使えるハンディタイプのほうきもちりとりとセットで販売されています。このような道具を使うことで，より効率的・効果的に掃除を進められるだけでなく，ちょっとした掃除のマンネリ感を打破することにもなります。　**さきがけ♥・アクセル★**

❸収納場所を確認する

　あなたは1日の終わりに教室の状況を確認してから退勤していますか。あるいは翌朝出勤し

たときでも構いません。机が整っているか，黒板がきれいに消されているか，床にゴミは落ちていないか。そういったことを確認することは教室をきれいに保つためには必要なことです。日課にしている先生方も少なくないでしょう。では，掃除用具入れについてはいかがでしょうか。自分のクラスの掃除用具がどのように収納されているか毎日確認している人はそう多くはないでしょう。ほうきがどのように収納されているか，モップは，雑巾は，などなど。それぞれに明確な収納場所を確保することで，その用具もきれいに保管され大事に扱われます。

　口が曲がったちりとりや毛先が曲がったほうきでは，どんなに一生懸命に清掃活動を行ったところでその効果の程は知れています。ほうきはきちんと吊るす場所が確保され，ちりとりも収納場所が決まっている。そういう状態を確保したいものです。

　これについても最近は100円ショップで販売されているものを使用した収納テクニックがテレビや雑誌などで紹介されています。活用してみてもよいでしょう。

しんがり♡・アクセル★

🌱給食編

　あなたは同じ作業を続けることに苦痛を感じるタイプですか。実は私は同じ作業を淡々と続けることを最も苦手としています。当番活動は学年が上がるにつれて，その指導内容がステップアップするような類のものではありません。私と同じようなタイプにとっては，この変わり映えのしない作業は苦痛であり，徐々に手を抜きがちになってしまう作業となります。こういった要素が3年生の当番活動に緩みを生む原因になります。これを解消するためのいくつかの刺激を意図的に用意する必要があるでしょう。

❶給食作業の見直し

　本シリーズ1，2年生版でも繰り返し述べていますが，給食準備は非常に限られた時間の中で行われなければなりません。たとえ，3年生であっても時間内に終わらないクラスも珍しくはありません。そこで，学級の話題にしてみてはどうでしょう。どうしたら，早く「いただきます」ができるのか，当番活動は今のままでよいのかなどなど。問題を共有することで当事者意識が湧き，活動にも意欲的になることをねらいましょう。

さきがけ♥・アクセル★

❷より早くするための指導

　給食の配膳において一番時間を要するのが，汁物の盛り付けです。器も大きく，料理も液体と確かに難易度は高めです。生徒も，その作業の大変さから敬遠しがちです。最初に当番活動に取りかかる生徒が牛乳やストロー，スプーンなどの配りやすいものから配り始めることもしばしば。しかし，この作業を一番はじめに取りかからずして，給食準備を早く終わらせることなど不可能です。あらかじめ担当を決め，早めに取りかかることができるようにしましょう。

　また，盛り付けはどのくらいの量を盛り付けたらよいのか判断しにくいものです。盛り付けた後に，足りなくなってしまったり，逆に大量に余ったりしてしまうこともあります。給食は

一食あたりのカロリーや栄養素をしっかりと考えて作られています。当然，一人あたりの適正な分量が決められているのです。学校によっては年度当初の給食指導で，その目安が示されていることもあります。ご飯などの固形のものははじめに４等分し，一区画あたりの人数を計算してから盛り付ける。汁物は食管のメモリを参考にして，レードル何杯分かを計算し，はっきりとした基準を指導する必要があります。学級によっては，こういった内容を生徒に振って考えさせてもよいでしょう。

さきがけ♥・ブレーキ☆

❸よりきれいに片づけるための指導

　素早く準備することもさることながら，素早く片づけることも見逃せない要素の一つです。放課後時間もあまり確保できない昨今，昼休みに生徒を集めて簡単な打ち合わせをしたり，連絡事項を伝えたりといったこともあるでしょう。給食の終わり時間が延びてしまっては，そういった活動に支障をきたすこともあります。それ以前に，生徒にとってはあまり多くはない「休み時間」をしっかりと確保することも学校運営において大切なことだと私は考えます。

　それとともに，きれいに片づけるという視点も生徒に身につけさせたいものです。５時間目の授業に教室へ行くと，床が汚れていたり，教卓が汚れていたりした経験はありませんか。給食後に汚れてしまったままの教室が，学習環境としてふさわしくないことは自明です。

　給食当番には，配膳活動とともに給食後の清掃活動までもセットで取り組ませる必要があります。当番には床拭き用のバケツと雑巾，机などを拭くためのバケツと雑巾をあらかじめ用意させ，給食終了後には速やかに清掃をさせましょう。

3 当番活動を指導することの意義

　教室の引き戸の窓や入り口付近の床を見れば，その学級がどのように当番活動に取り組んでいるのかがわかります。ともすると，それが教師の力量とみなされることも少なくありません。もちろん，教師としてそういったことに目を配る視点は必要でしょう。しかし，３年生の当番活動は効率的に機能することや，全員が学級での義務を果たし，それによって学級に秩序をもたらすことだけで満足できるものではありません。

　当番活動に限らず，３年生を指導するときには，どうしたって卒業が視野に入ってくることでしょう。しかし，卒業を意識するということが中学校生活の集大成などという，教師の自己満足に陥りがちな極めて狭い視野で語られてしまうことが少なくありません。当番活動も含めた様々な場面において，生徒一人ひとりがこれから社会で生きていくうえで有用な技術や能力あるいは考え方を身につける。そういう機会にしなければならないという覚悟を，我々教師がもつ必要があります。

（渡部　陽介）

朝の会・帰りの会（短学活）

　3年生の短学活で意識したいのは，進路と人間関係です。進路について生徒はみんな初めての経験なのでわからないことが多くあります。また，生徒間で温度差もあります。人間関係については，3年間慣れ親しんだ仲間と卒業後離れ，新しい人間関係を一からつくります。ですからメリハリをつけて適度な緊張感をつくります。2年間で学んだものを活用し，卒業後を見据えた指導を心がけましょう。あくまでも気持ちの良い短学活を基本に，前向きな雰囲気をつくることを忘れないようにしたいものです。

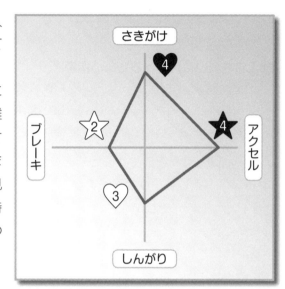

担任力チェックリスト

- ☐ 物事の時間配分がうまいか
- ☐ 生徒に任せたときはじっと待つことができるか
- ☐ 生徒に小さな弱みを見せられるか
- ☐ 生徒が頑張ってやっていることは失敗しても叱らないか
- ☐ 繰り返す作業を正確に続けることができるか
- ☐ 自身が学生の頃，リーダー的なポジションを経験したことがあるか
- ☐ 何かにつけて反省し，次の課題を見つけられるか
- ☐ 受験がつらいという生徒の気持ちが理解できるか
- ☐ 普段から卒業式をイメージして指導にあたっているか
- ☐ 挨拶の大切さを身をもって感じた経験があるか
- ☐ 生徒の卒業後をイメージすることができるか
- ☐ 短学活も授業の一つと考えているか

1 短学活の目標

3年生では人生初の大きな選択をし，果敢に挑戦していく気持ちをつくりましょう。中学校生活も3年目となり，マンネリや緊張感のなさも注意しなくてはいけないわけです。

また，生徒自身にかなり力がついてきているので，行事や授業でも生徒だけの力で進めていく場面が増えてきます。方法を学び，行動し自信に変える取り組みが多くあります。短学活でもそれらを意識した指導を心がけていきます。

2 短学活指導で必要な手立て

🌱システムの見直し

3年生は進路指導の中で短学活が大変重要になってきます。連絡事項や配付物をしっかり理解しなければなりません。生徒にとっては今までにない責任の重い連絡になるのです。そのため短学活のシステムを見直し，より意識しやすい形を提示することが必要です。

また，生徒の力で活動していけるように短学活で練習的な場面をつくります。最後の1年という思いから，生徒の気持ちも今までとは違います。生徒の人間関係もさらに複雑になります。よって，リーダー群はより複雑で難しい要求を余儀なくされます。その点を短学活でも意識しましょう。

❶連絡のコーナーを分ける

連絡にメリハリをつける具体的なコーナーを設けます。3年生は進路関係の連絡が大変多く，聞き逃しがあってはなりません。普段は「先生のお話」のような時間ですべての連絡を済ませることが一般的です。そこで「先生のお話」以外にも「進路の連絡」のように別コーナーをつくります。生徒は多くの連絡をいっぺんに聞くより，司会者の言葉が入ってメリハリがつき聞きやすくなります。内容を予測しやすい分，理解も早いです。

内容を変更した場合は必ず学級で司会方法の説明をします。シナリオを生徒全員に配り，内容を全体で確認します。また，変更した理由や利点を付け加えましょう。良い短学活をつくりたいという意志を生徒に見せることも大切です。 　さきがけ♥・ブレーキ☆

❷司会シナリオのパターンを増やす

司会シナリオを使うことは3年生にとっては慣れたことです。今までシナリオは1パターンでしたが，3年生は時期に応じていくつかのパターンをつくる方法があります。例えば，旅行的行事の時期に「修学旅行の連絡」というコーナーが入ったシナリオを準備します。普段であれば「係からの連絡」のようなコーナーで連絡しますが，シナリオに入れることにより行事の雰囲気も高まります。もちろん短学活の時間は今までと変わらないので，他のコーナーの時間を短縮するようなシナリオをつくります。 　さきがけ♥・アクセル★

第2章　必ず成功する学級経営　365日の学級システム　中学3年　39

❸リーダーを育成する

　2年間でかなり力をつけた生徒たちですが，学級組織や委員会が前期・後期制の場合はリーダーが変わる場合があります。残り少ない中学校生活ですが，短学活でもリーダーを育成する意識をもって指導にあたりましょう。例えば簡単な提出物は班長が集める。出席番号順ではないので提出のチェックがしにくいデメリットもありますが，班長は班をまとめる足がかりになります。この場合，班ごとの班員名簿を用意します。班長は忘れた生徒に声をかけますし，忘れた生徒も知らんぷりはできません。次回は忘れないという意識にもつながります。班長は提出物の回収時に，担任へ忘れた人の報告をします。報告することで班を代表しているという自覚をもたせましょう。必然的に班長は班員を把握し声をかけるので，班員も班長として意識する機会が増えます。ここで注意したいのは，ただの回収係にならないように担任がフォローすることが必要です。

　また，先に紹介したコーナーを分ける方法で「修学旅行の連絡」があった場合，班長や係，学級代表から連絡させることにより，リーダーとしての自覚をもって行動することにつながります。できるだけ多くの生徒がコーナーに関わるよう心がけましょう。

　　　　　　　　　　　　　　　　　　　　　　　　さきがけ♥・アクセル★

❹帰属意識をもたせる

　部活では主力メンバー，受験生なので塾にも通い，テストは今まで以上に頑張らなければいけない。旅行的行事は楽しみだけど準備や事前学習が大変，家では「勉強しなさい」と言われてばかり。さらに友達関係維持のため LINE は欠かせない。中学校3年生ともなるとかなり忙しいようです。自分のことで精一杯になる生徒も少なくありません。周りの友達も同じ状況なのですが，そう感じない場合が多いです。そこで楽しめる時間を1分ほどつくり，さらに帰属意識をもたせるきっかけをつくります。人は共感することで仲間意識が強まります。仲間意識が強いと一緒に過ごしていることに安心感を感じます。ここでは共感と楽しい雰囲気をつくるための手助けが目的になります。

　例えば，「困っていることコーナー」を設けます。1日1人困ったことを発表します。内容は「小さいことかもしれないけど結構困ってる」といったものです。条件は嘘はつかないこと，ウケをねらわないことです。ねらいは「あ〜，あるある」「そんなことで？」という笑いです。この1分間は担任も楽しんでください。担任が率先して笑うことで，笑える雰囲気ができてくることも多いです。そして，担任は発表者に必ずコメントすることを忘れないでください。ときには担任が「先生，悩みがあるんです。聞いてくれますか？」というのも生徒は喜びます。「何？聞いてあげるよ」と上から目線ですが楽しんでくれます。一緒に楽しんだり，弱音を吐いたり，悩みを話したりすることは人との距離を縮めます。

　　　　　　　　　　　　　　　　　　　　　　　　しんがり♡・アクセル★

🌱学級をつくる意識の育成

　１学期，学校によっては旅行的行事があります。また，進路関係の動きに慣れておらず慌ただしい時間が多いです。その点，２学期は進路関係の動きにも慣れ，最後の合唱コンクールや学校祭・文化祭があります。生徒も今までと違った思いをもって全力で臨みます。行事では学級内でも多くの課題が出てきます。それらを乗り越え有意義な活動にするために，この時期にもう一度自分たちで学級をつくるという意識をもたせましょう。

❶生徒希望のコーナーを取り入れる

　この時期には学級のカラーがしっかり固まります。当たり前のことですが良い面を伸ばし，足りない面は課題として取り組んでいきます。短学活でも自分たちがこの学級をつくってきたという意識をもたせましょう。短学活の内容，シナリオの台詞をリーダーたちと見直すのも良い方法です。その場合，期間限定で行うことで特別感が生まれ，短学活への興味がわくことが期待できます。

　担任とリーダー群で短学活に取り入れたいことを話し合い，学級に提示する。ここでは，自分たちでつくったという思いを感じさせることを忘れないでください。担任が注意しなくてはならないのは，短学活の内容には授業と同じくねらいと目的があり，その成果を出すために教師が決定権をもっているということです。生徒から見た「必要ない」などの意見を尊重する必要はありません。担任がねらいや目的を説明し，あくまでも生徒の意見を取り入れるという姿勢を崩さないことです。　しんがり♡・アクセル★

❷短学活の雰囲気を意識させる

　短学活にはその学級の雰囲気がよく表れます。生徒が「学級をつくる」ということを考えたときに，短学活の雰囲気に注目する生徒はほとんどいません。ましてや挨拶や司会の進め方を気にかける生徒はいないでしょう。挨拶ができていない，司会者の進行の仕方や声の大きさが適切ではない。短学活の内容も，進行に慣れているから伝わっている可能性があるということを説明します。さらに，挨拶と進行に学級のカラーが出ていることを意識させます。他の学級と比べてもかまいません。担任の説明では比べにくいので，リーダーを他の学級に見学に行かせるのもよいかもしれません。挨拶と司会の大切さは１年生から指導していますが，短学活を通して「どんな学級を目標としているのか」を考えることは，視点が変わる良い方法です。

　また，２学期の中盤には受験に向けての面接練習が始まります。面接を経験する生徒は全員ではないですが，今後どの生徒も知らない人と話す機会が増えます。挨拶や司会の仕方が雰囲気をつくるように，第一印象がどこで決まるかも加えて話していくとよいです。司会の進め方に関しては，初めて会う人にも伝わることを基本として指導します。　しんがり♡・アクセル★

❸時間の使い方を意識させる

　２学期などはテストの多い時期です。部活を引退し，放課後や家庭でも学習に力を入れます。テストの取り組み表などを使い，先を見越して計画を立てる指導をします。１年生から行って

いることですが，なかなか計画通りにいかない生徒も多いことでしょう。そこで短学活でも冬季休業を見越して，家庭での時間の使い方を意識させます。これは家庭に帰ってから思い出すことを目的とします。

　例えば，明日の宿題の確認をさせ，メモをとることを見直します。帰りの会に「明日までの宿題」というコーナーがあってもよいです。掲示物で示す方法もあるでしょう。ここで大切なことは，担任が「三つもあるんだね」「国語の暗唱テストがあるんだね」など復唱して確認することです。担任が家庭でどんな学習をしなければならないか把握することで，生徒への声かけも変わってきます。時間が許すなら，メモをとった横にでも宿題（一教科ごと）を何時に始めるか記入させましょう。時間を記入するということは帰宅してからの自分をイメージします。メモ書きをする時間がなければ数名に「〇〇君，国語は何時から始めるの？」と聞くだけでもかまいません。また，その時間を具体的にイメージできる「晩ご飯が終わってからかな？」「〇〇のドラマが始まる時間だね」などのコメントを付け加えるのもよいです。目的は帰ってから思い出すことです。メモをさせるか，できるだけ印象の残るコメントを心がけましょう。

しんがり♡・ブレーキ☆

🌱卒業後を見据えて

　希望の進路も固まり，目の前の受験に向けて必死になっている生徒も多くいます。そんな生徒の気持ちを理解しながら，教師は励ましの言葉をかけます。また，卒業式のことも念頭に置いて指導をする時期でもあります。しかし，卒業式も心配ですが卒業後も心配です。生徒はこれから，自分の力で自分の人生をつくっていくのです。今まで学んだことは卒業後にも発揮してほしいものです。１学期から意識する事柄ですが，３学期は特に重点を置き卒業後の準備と考えて指導にあたりましょう。

❶お得な情報を提供する

　短学活には「先生のお話」といった時間があり，連絡以外の話もします。今は短学活の時間も短くなってきている傾向があるため，毎日できるとは限りませんが日頃から時事ネタを意識して話すのが基本です。この時期は受験関係の話も多くなると思います。生徒にとってお得な情報を提供しましょう。生徒は新しい世界にわくわくする反面，知らない世界への不安も多く抱えています。短学活では勉強の仕方はもちろん，考え方，心構えを交えて少しずつ小出しに話をしていきます。短学活ではあらたまって話すというより雑学や雑談に近い話し方がよい場合もあります。生徒は TV や本で知ったと言うと親近感をもって聞きます。「〇〇の研究で……」や「統計で……」という言い回しは真剣に聞きます。生徒が「へぇ」と思う話がよいです。そういった話は生徒もふとしたときに思い出すものです。教師も人ごとではなく一生懸命応援しているんだという姿勢を見せましょう。

さきがけ♥・アクセル★

❷希望をもてる言葉を増やす

　受験や卒業が近くなると教師は卒業後を心配し，「受験生なのに……」「高校に行ったら通用

しませんよ」といった類の注意の言葉が多くなる傾向があります。確かに高校では退学や停学，赤点，就職した生徒については解雇など，今までの経験にない厳しさを目の当たりにします。それをわかっている家庭でも，のんびりしているように見える我が子への焦りから，禁止や脅しのような言い回しが多くなってしまうのです。

　そこで短学活の「先生のお話」では言い回しを意識して，希望につながる言葉や生徒が自ら考える言葉をセレクトしていきます。簡単な例えは「やめなさい」「やりなさい」より「こっちの方が良いよ」という言い回しに変えることです。生徒は「注意された」と感じるのですが，心への響き方や受け止め方は大きく違います。あくまでも指導の一環なので生徒が素直に聞けることが大切です。他に問題提起し生徒に考えさせる方法もあります。その際は明るいトーンで話すことを心がけましょう。暗いトーンで話すと生徒は嫌みな言い方と捉えかねません。もちろん強い指導が必要な場合もありますが，毎日ある短学活では，生徒が前向きに捉えやすい言葉を意識しましょう。

さきがけ♥・ブレーキ☆

❸最後だから今までできたことをしっかりやる

　3学期の後半になると，生徒は「思い出づくり」や「もう卒業だから」といった考えから，生活態度にゆるみが出てくることが多いです。今までできていたことがいい加減になることもあります。教師はそれを予測し先手を打つ心構えが必要です。卒業式や卒業後も「できることはしっかりやる」という力は，得することはあっても損することはありません。

　短学活では卒業式を想定し，挨拶や聞く態度に重点を置いて指導していきます。大きな声でしっかりとした挨拶を練習します。できなければ必要性を一緒に考えるような「先生のお話」をします。面接練習や今までできていたことを思い出すような話でもよいです。聞く態度も同様に指導していくことができます。

　また，卒業式は先輩の姿を見て，後輩が真似することで学校の伝統になっていきます。卒業式前に自分たちが見てきた先輩の良い面，悪い面を思い出すことも大切です。短学活を活用して，自分たちが後輩にどんなふうに見られたいか，問いかける良いきっかけになります。

さきがけ♥・ブレーキ☆

3 短学活指導の意義

　3年生の1年間は，中学校生活3年間の中で最も濃い1年間と言ってもよいでしょう。それだけに，毎日ある短学活をないがしろにはできません。「1日1日を大切にする」という言葉をよく耳にします。まさに短学活で目的をもち，様々な指導を試みることがそれにあたるのではないでしょうか。毎日の「先生のお話」の中に「先生がこんなことを言っていたなぁ」と将来思い返すことがいくつかあれば，それが短学活指導の意義と考えます。

（長尾　由佳）

5 学習指導

　生徒が希望する進路を実現するためには，様々な手立てが考えられます。入試までの限られた時間の中で，その手立てが最良の選択であるという確信をもって進みたいものです。4月，受け持つ生徒がどんな力を身につけるべきなのかを，見極めてから走り出すことが大切です。

　ゴールイメージをどう描くかも重要です。入試を突破させることだけがゴールではないはずです。高校の3年間をも見通して，中学校最後の年に学習を通して何を経験させればよいのか，卒業後も活かすことができるような力を身につけて，送り出したいと考えます。

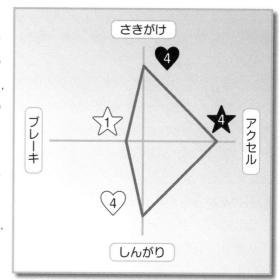

✓ 担任力チェックリスト

- □ 常に自らを変えようという気概があるか
- □ 決めたことを貫き通せるか
- □ 学習指導によって，生徒に学ぶ楽しさを感じさせることができるか
- □ 生徒一人ひとりに必要なことを見極められるか
- □ 生徒の取り組みを効果的に褒めることができるか
- □ 自らの言動で手本を示すことができるか
- □ 生徒ができるまで待ち，それまで自分がやるべきことを繰り返せるか
- □ 1年後，そしてさらに先のゴールイメージを描けるか
- □ その場に応じて，さきがけとしんがり，アクセルとブレーキのバランスがとれるか
- □ 学習指導を通して，生徒に確実に力をつけさせることができるか

1 学習指導の目標

　学習指導の目標の一つは，中学校で学んだ３年分の学習内容を，生徒がしっかりと身につけて進学していくことです。１，２年生で学んだ一つ一つを引き出しに例えると，３年生では，授業で新しい引き出しを増やしていくと同時に，久しく開けていない引き出しを一つずつ開け，その中身を確認します。この古い引き出しの確認を何度も繰り返し行わせることが大切です。

　二つ目は，授業の充実です。３年生は入試までの授業時間数が限られているだけでなく，反復して定着を図るチャンスはほぼありません。１時間１時間の授業を１，２年生よりさらに内容の濃いものにする必要があります。学習指導の集大成として，授業の中で生徒同士が交流し，学び合う取り組みを模索することも目標の一つです。入試問題対策として，問題を解くテクニックを身につけさせる問題演習授業からは，生徒は学ぶ楽しさを見出しません。２年までにドロップアウトした生徒も，授業が変われば，興味や関心が喚起され，その教科に前向きに，意欲的に取り組む生徒に変えることができるはずです。

　最後に，生徒に「誰にも負けない教科」を少なくとも１教科はもたせることです。誰にも負けない，とは，学年順位のような相対的なものではなく，個々の生徒の中で絶対的な価値観として得意だと思える感覚です。入試という競争を乗り越えるためには，「わかる」「できる」という経験や自信，強い精神力や自己肯定感が生徒自身を支えるものです。この教科だけは誰にも負けることができない，５教科の中で一番高い点数をとらなければならないプレッシャーをエネルギーに変えてほしいと考えます。

2 学習指導の手立て

❶自分の力をメタ認知させる

　あなたの生徒は，中学校に入学してからの学習内容がどのくらい身についているでしょうか。ここはわかるけれど，あそこは忘れちゃった……と各教科について頭の中に整理できている生徒はどのくらいいるでしょう。英語でいえば，１年生で出てきた三人称単数 he や she などを主語とする疑問文を作ることはできるが，動詞を進行形にする方法は忘れている，とわかっている生徒は実は少ないと思います。自分の力を把握するきっかけを逃したまま，３年生に進級しているのです。３年生の４月，５月を使って，各教科の各分野が身についているかいないかを，俯瞰させておくことが重要です。

　３年生の１年間は，新出事項と１，２年の項目とを一つずつ並行して授業で取り組ませます。取り組ませ方や配分時間は様々考えられますが，例えば１，２年合わせて30項目あるとすると，大切なのは，最初の30時間の授業でこれら一つ一つを振り返らせる基礎問題に挑戦させることです。解答時間は３〜５分程度，予習は要りません。力がついているかをジャッジする

ための試みであり，入試までの限られた時間の中で，生徒は自分がどの教科のどの項目を復習するべきなのかがわかります。

　3年生の学習指導で大切にしなければならないのは，年度当初から基礎・基本に立ち返ろうとする姿勢です。3年生の12月まで新出事項を扱い，年が明けて入試直前になると，授業を問題演習に切り替える先生もあるでしょう。そこで初めて基本事項の確認をするのでは遅すぎるのです。3年の4月から，長いスパンで定着をみることが必要です。　さきがけ♥・アクセル★

❷高校で必要とされるのは「テクニック」ではない

　3年生の教科担任になると，どうしても，入試で点数をとらせることを意識して授業づくりを行いがちです。それを期待している生徒や保護者も多いかもしれません。過去問で出題傾向を分析し，確実に点数をとるための解き方を教える——いわば問題を解く「テクニック」の要素が授業の中に入ってきます。難関私立の問題や，国公立高の後半部分に出てくる応用問題を扱う授業も目にします。しかし，一斉授業でこのようなテクニック重視の学習指導を行うのは，もったいない時間の使い方です。難関高を目指す生徒は，家庭学習として個々に応用問題に挑戦すればよいのです。

　なぜ，応用的問題に取り組ませるより，基本事項の指導を優先すべきなのでしょうか。高校に進学するには合格しなければなりませんから，入試で点数をとらせることは大事です。しかし，入学後に高校の先生と生徒が最も苦労するのが，中学校の学習内容が身についていないことです。高校1年生の4月ですでに出遅れていることが致命的な問題なのです。

　中学校が基礎，高校が応用です。高校は中学校の基礎という土台の上で，さらに詳しく細かく，応用的に考え，学びを深めていく場です。中学校で既習の要点はすべて頭に入っている，という前提で高校では授業が始まります。3年生の学習指導では，中学校で履修する3年分の教科書の要点を徹底して定着させることが大切と考えます。　しんがり♡・アクセル★

❸「誰にも負けない教科」を意識させる指導

　3年生の期末懇談では，出願先を決める話し合いの中で，いわゆる模擬テストの結果を参考にします。各教科の点数に極めて高い得点と低い得点とが混在している生徒と，どの教科も同じような点数の生徒がいるとします。Aさんは，国20点，数95点，理95点，社70点，英20点，合計300点，Bさんはオール60点の合計300点です。さて，高校進学後に伸びるのはどちらでしょうか。間違いなく，Aさんです。国語と英語は赤点をとる可能性が高いものの，数学と理科は中学時代と同様，誰にも負けません。Aさんに国語と英語を頑張りましょうとアドバイスするよりも，数学と理科の点数を評価し，次は100点をとることを期待しているよ，と励まし，具体的に目標を定めることで，Aさんはモチベーションを維持し続けます。高校で学習内容が難しくなっても，Aさんは数学と理科に関してはチャレンジし続けるでしょう。大学，大学院と進む道も視野に入ってきます。国語と英語の成績で進級できなければ元も子もありませんが，Aさんにとっての数学と理科のような存在は，不得意教科を引き上げ，なんとか

46　学習指導

カバーしようと働きかけます。誰にも負けない教科をもっている生徒は，その分野では向かうところ敵なし，その経験や自信をもっているゆえにその教科の勉強では自立していて，精神的に強い生徒です。ですから，自分の力で国語や英語で及第点をとるためのテクニックを編み出すのです。好きな教科，好きだから勉強する教科，相対的ではなく絶対的に「この教科だけは誰にも負けない」という教科を，生徒全員にもたせることが大事だと考えています。

「誰にも負けない教科」をもたせるきっかけ，それはどの教科においても，授業です。興味や関心を喚起し，50分があっという間に過ぎてしまう，生徒が無意識的に熱中できる授業です。毎回の授業で自ずと力がついていくだけでなく，入試でライバルとなる他校の生徒を相手にしてさえ，誰にも負けない教科になっていくのです。 さきがけ♥・アクセル★

❹エキスパートを中心とした「学び合い」の授業

得意とか，誰にも負けない，と大っぴらには言えなくても，他の教科よりは点数がとれる，単純に，好きな教科はどの生徒にもあるでしょう。生徒が少なくとも一つの教科でエキスパート（＝専門家）となる「エキスパート活動」の取り組みを紹介します。1教科のエキスパートになるのは，学級の1/4の生徒で，40人学級なら10人です。複数の教科で任命される生徒はいますが，重要なのはどの教科でもエキスパートにならない生徒をつくらないことです。各教科担任から推薦者を決めてもらい，生徒からも得意・不得意のアンケートをとって，総合的に担任が5教科すべてのエキスパートを決めます。

話し合い活動や問題演習で小集団形式を取り入れるとき，活動しやすいのは4人グループです。40人学級であれば4人×10グループですから，各グループの4人のうち1人はエキスパートです。エキスパートの活用法は様々ですが，英語では4月末までにエキスパート10人を決め，GW明けから英語の時間は英語専用の席に座ってもらいます。エキスパート活動には五つのルールがあります。エキスパートはまず，①メンバーの解答プロセスを観察し，②軌道を修正したり，ヒントを与えたりはしますが，③メンバーが答えを出すまで正答は言いません。④グループ発表では発表者になれませんが，⑤発表者を率先して助ける，この五つが主な仕事です。エキスパートが前面に出ないのがポイントです。エキスパートはメンバーの学習を最大限サポートするのが仕事ですが，自然と自分をその教科にコミットし，自信をつけ，テストで自己記録を伸ばしていきます。エキスパート活動後の5分間は，「学び合いノート」に学んだことを書きます。ノートにはその日の題材が縮小されたものを貼り，さらに，メンバーはエキスパートの問題の解き方や知らなかった単語や表現をまとめます。エキスパートは，メンバーと問題を解くうえでポイントとなったことを書き出し，教師はエキスパートたちの挙げたポイントを紹介します。 しんがり♡・アクセル★

❺「オプション指導」に巻き込む

生徒が希望する進路を実現させるためには，「オプション指導」が必要です。生徒が受験するのは一般的な普通科だけではありません。理数科，国際科，商業科，工業科，体育科……

様々です。例えば，多くの高校の理数科は当日の数学と理科の得点を重要視します。5教科のうち理科と数学のみが傾斜配点され，この2教科の得点が高い順に合格者を確定させる枠が設けられていることもあります。理数科を受験するくらいですから，もともと理数が好きで，とりたててその勉強をしなくても高得点をとれる生徒が多いものの，他の受験者も似たようなものです。3年分の既習事項の中に不得意分野があれば，不合格の可能性も高くなります。担任は，この2教科に関しては「穴」がないように対策を立てるよう指導します。しかし，塾に通っていて，塾がいわゆるマネージャーとして機能している生徒を除いて，自分が理科と数学の全分野を網羅できているのか客観的に確認する作業が不安な生徒がいることも確かです。担任が理数以外の教科であれば，正直なところ担任も不安です。その生徒の本当の実力を診断し，そのうえで具体的な対策法を提示してやることが難しいからです。そこで，理科，数学科の先生方にオプション指導を依頼します。直近の学力テスト1～2回分の答案を生徒に持参させ，直接理科と数学の先生のところに行き，まずは実力診断をしてもらいます。診断結果によって，指示された課題に取り組んだり，応用的な補助プリントをもらったりして，次のアポイントをとります。

　このオプション指導は，教師にも生徒にも過度な負担とならない取り組みにするのがポイントです。週に1回15～20分程度，取り組んだ課題を振り返りながら進めていきます。3学年の先生に依頼できない場合は，学年を越えても協力を要請したいものです。

しんがり♡・アクセル★

 あるオプション指導の風景

A先生「B先生，1人，国際情報の面接指導お願いしたいんですけど」
　札幌国際情報高校は道立の進学校の一つ。推薦入試2週間前，3年5組のA先生が職員室でこう切り出しました。その年，B先生は2年の担任でした。
B先生「どのくらい，できる生徒ですか？」
A「まぁ普通にできますけど，面接はダメだと思います。ノリが悪いっていうか」
B「今日の放課後，来るように言ってくれますか？」
　推薦は，「面接」と「英語での問答」の二つで合否判定されます。
　メガネをかけていて，目鼻立ちの整ったC子さん。声が小さく，自信がなさそうでした。
B「じゃあ，本番の形でやってみましょうか」
「So, let's start. Now in English, please. Why do you want to study at our high school？」
C子「I ... I want to study because...」

B「OK … Now, let's move to the next. What's your vision after you graduate from our high school？」

　過去問と同じ質問をしてみましたが，ここからは沈黙が続き……。

B「今のままだと厳しいかな。よし，じゃあ，質問に対する答えを一緒に書き出すところから始めましょう。質問は志望動機とか将来の夢とか毎年ほぼ同じだから。明日から毎日来てください」

C子「毎日，ですか？　毎日は……」

B「何かご用事？　忙しいと思うけど，毎日16時から16時半の30分空けてくださらない？　私も予定を空けるので。今回の試験があなたの第一志望だし，A先生からも頼まれている以上，合格レベルになってから本番に行ってもらわないと。私だって，そんなに無責任なことできないから」

C子「わかりました」

　1週間後。1日1時間程度の練習を積むと受け身だった態度も徐々に積極的になって，発話量も増えていきました。自信が表情に表れ始めました。

B「じゃあだいたい紋切り型の質問はできるようになっているから，今日は想定外の質問をしてみます。沈黙にならないように受け答えしてみて」

　さらに数日後。推薦試験は翌日に迫っていましたが，厳しい練習を少しずつ積み重ねたことでついた自信は，本番への緊張もプレッシャーも跳ね返せるほどになっていました。

B「いよいよ明日。今日は絶対紙を見ず，テンション高めで。笑顔でいこう」

　さらに1週間後。合格発表。C子さんは笑顔でした。

B「おめでとうございます。よくやったね。高校に行っても，挑戦あるのみ。頑張ってね」

3　学習指導の意義

　楽しい時間はあっという間に過ぎます。知的好奇心をかき立てられ，それを満たしてくれる授業はあっという間に終わってしまうのです。そのような授業ができる先生は，集団に学力差があっても生徒を取りこぼしません。生徒は常に意欲的に，目標に意識を向け続けます。そして気づいたときには，確かな力が身につき，自信にあふれ，自己肯定感が高まっているのです。

　どの教科であれ，中学校で学ぶ楽しさを経験してきた生徒は，高校でもその興味や意欲は尽きることなく，諦めず，やり遂げようとします。そのような生徒を育て，送り出すことが，私たちが担う最も大事な役割なのかもしれません。

（高橋　美帆）

6 教室環境

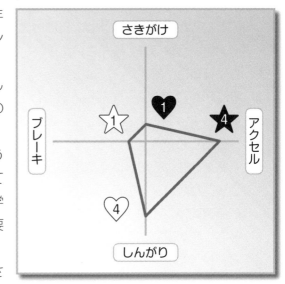

　当然ですが，3年生は中学校生活最後の1年となります。すべての行事に対するモチベーションが1・2年生とは全く違うことでしょう。中学校生活最後の1年をこれまでの集大成として，最高の1年にしたい。このように考えるのは教師も生徒も同様なはずです。

　また3年生は卒業後の進路を決定するという重要な時期でもあります。多くの生徒が初めて自分で自分の人生を決めることになります。学級を受験モードにしていく雰囲気づくりも必要不可欠となるのが，3年生でしょう。

　当然，教室環境もこれらの状況を踏まえてさらなるアレンジを加えていく必要があります。卒業式も含め，教室環境の工夫で，生徒にとって思い出深い1年となるような演出をしていきましょう。

✓ 担任力チェックリスト

- ☐ 放課後，生徒とともに和やかに作業をすることが得意か
- ☐ 見やすい掲示物づくりのコツを知っているか
- ☐ 日頃から商業施設の展示の仕方に注意しているか
- ☐ 目標を立てて活動することの価値を感じているか
- ☐ 「見える化」することの価値に重きを置いているか
- ☐ 行事に教師自身が熱い気持ちで参加できるか
- ☐ 生徒に主体的に取り組ませることを得意としているか
- ☐ 正しい言葉遣いで生徒に接することができるか
- ☐ 学級の諸問題をゲーム感覚で改善するという意識があるか

1 教室環境の目標

　3年生ではなんといってもすべての出来事に「最後の」がついてきます。これまでの学びを活かし，力を最大限に発揮できるようにすることで，生徒のさらなる成長を促すことはもちろん，生徒にとって思い出深い1年になるようにしていきます。生徒が自分の力を十分に発揮できる，発揮したくなるような環境の調整こそ3年生の教室環境のポイントとなります。

　もちろんこのことは受験においても同様です。面接の練習も含め，しっかり努力をして学習し，受験に向けて気持ちを高めていけるような工夫が必要です。

　また3年生の1年間は，最後の1年ということもあり，今後の学級編成をあまり気にしなくてもよいために，2年時以上に担任のオリジナリティーを発揮しやすい時期であるとも言えます。学級の実態を踏まえつつ，生徒が有終の美を飾れるような環境づくりを目指しましょう。

2 教室環境の手立て

🌱行事を充実させる

❶修学旅行

　3年生に進級してすぐに迎える大きな行事が修学旅行です。生徒もとても楽しみにしていることはもちろん，この行事の成否が3年生としてのこれからの1年間に大きく影響してきます。生徒が良い思い出をつくり，学級が集団として成長する良い機会です。ぜひ生徒が前向きな気持ちで活動できるようにしたいものです。

　そうはいっても修学旅行に向けた準備の取り組みに多くの時間を割くことができない，というのが多くの学校の実態ではないでしょうか。場合によってはほとんど事前学習をすることができないままに行かなければならない見学先もあるかもしれません。

　そこで教室の掲示板のスペースの一つを「修学旅行見どころMAP」などと称して，修学旅行での見学先を紹介するためのスペースとしてしまってはいかがでしょうか。修学旅行の見学先ごとにそれぞれの歴史や見どころなどを色画用紙に簡単にまとめて掲示するのです。特に現地ではどんなところに注目するとよいかを中心にまとめておけば，当日見学地を訪れたときに，何も知らずに現地に行くのとは全く違う，質の高い感動を得ることができます。

　しかし，先述の通り，授業の時間を使ってこれらを作成するのはなかなか難しいものです。そこでこれらについては授業で扱うのではなく，作業を希望する生徒を募ったり，係の活動としてしまうことをお勧めします。この方法だと，時間がないという問題が解消できるだけでなく，担当した生徒に活躍の場面を与えることもできるのです。修学旅行の見学先がどんなところなのかということは，どの生徒も関心の強い内容です。これらをわかりやすくまとめて掲示することで，作業をした生徒は他の多くの生徒から認められることでしょう。

作成時はインターネットを使用させたり，資料を用意したりするなど，担当生徒の負担が大きくなりすぎないように配慮する必要はありますが，情報の丸写しは避け，ポイントとなる内容を大きな文字で整理させるようにしましょう。この手の掲示物はじっくり読まれるということはなかなかなく，どちらかというと「自然に目に入ってくる」性質のものです。他の生徒がぱっと見て伝わるような工夫を凝らしましょう。さらに作成した研修先の掲示物を，訪れる順に並べるなど，貼り方を工夫することで，全生徒が自然と修学旅行の大まかな行程を頭に入れることができます。

修学旅行は教室を離れて行う活動ではありますが，このように教室環境を活かすことで当日へ向けて期待感をもたせたり，当日の学習をより充実させることができるのです。

しんがり♡・アクセル★

❷ビーイング

様々な行事で生徒に目標を立てさせることがあることでしょう。しかし，これらの目標が単なるお題目となってしまい，いまいち生徒に浸透しないということはないでしょうか。

そんなときにはPA（プロジェクトアドベンチャー）の代表的な実践であるビーイングを活用することが有効です。ここでは合唱コンクールを例に説明していきます。

合唱コンクールでは多くの学級で「金賞を獲る」「心をひとつにする」「聴いている人を感動させる」などの目標が立てられます。しかしこれだけでは生徒の行動にはつながっていきません。そこで目標を達成するために大切なことを各自になるべく多く考えさせます。

ここでは1・2年生のときの合唱コンクールの様子を振り返るよう働きかけ，どんな行動が大切か，逆にどんな行動が学級を目標から遠ざけてしまうのかを，経験をもとになるべくたくさん挙げさせることが大切です。

リストアップができたら，次にこれを模造紙などの大きな紙にまとめていきます。紙に大きな円（ハートマークなどでも可）を書き，円の内側には目標の達成のためにすべきこと，円の外側には目標の達成のためにすべきでないことをまとめていきます。このとき，各自に好きな色ペンを持たせ，様々な方向から一度に書き込ませましょう。誰が書いたかわからなくすることで，誰もが安心して書き込めるようにするためです。

出来上がったものは行事の期間中，教室に掲示しておきます。こうすることで単なる目標が生徒にとって行動レベルで具体化されるので，場にふさわしい行動がどのような行動なのかが浸透していきます。これは周囲の気持ちを読み取るのに困難を抱えている支援傾向の生徒に対しても絶大な効果を発揮します。さらに途中で気づいた，目標達成のために「大切なこと」を追加で書き込むよう指示しておきましょう。こうすることで練習期間の各自の想いや考えが見えるようになり，練習中のトラブルの予防になるだけでなく，本番に向けた学級全体の士気の高まりにもつながっていきます。さらに卒業後，様々な場面で他者と協力して物事を行う際にも活かされることと思います。

しんがり♡・アクセル★

52　教室環境

❸合唱コンクール

　3年生ともなると、合唱コンクールではリーダー生徒を中心に自主的に練習を進めていってほしいものです。しかし、ただ生徒にすべてを任せてしまうと、同じ練習の繰り返しになるなど、課題を発見したり、練習を工夫するという発想はなかなか起こりにくいものです。そんなときは以下の手法が有効です。

　まず大きなホワイトボードを1枚用意しましょう。そして合唱練習の終わりに指揮者・伴奏者・パートリーダーなど、合唱コンクールを中心になって進めていくメンバーを集めます。そこでその日の反省や次の日の練習の方向性を決めるのですが、そのとき、下の写真のように同じパートの仲間や学級の全員に対するメッセージをホワイトボードに書かせ、これをそのまま教室に立てかけておきます。

　このように合唱の課題をリーダーに発見させ、さらに課題を見える化することで、学級の全員が現在の課題を素早く共有することができます。しかもホワイトボードを通して間接的に伝えるため、「リーダーが偉そう」などといったトラブルにもなりにくいという利点もあります。さらに練習中もホワイトボードは学級に

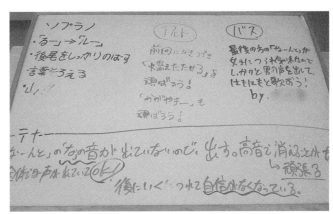

常に置いてあるため、課題を忘れることなく、常に頭の片隅に置いて練習することができるのです。本番が近づいてくると、生徒が書くメッセージは自然と技術的なことから心情的なメッセージに変化していきます。このメッセージがじわじわと学級全体のやる気に火をつけていくしかけとして機能するのです。

　　　　　　　　　　　　　　　　　　　　　　　　しんがり♡・アクセル★

❹卒業式

　卒業式は多くの場合、高校入試と時期が近いこともあり、なかなか生徒の手が入った環境づくりをしにくい場です。規模の大きな取り組みは難しいですが、そうはいっても生徒にとっては晴れの日でもあり、新たな決意を固める日でもあります。生徒が3年間を振り返り、卒業を感じられるような演出を施しましょう。絵が得意であれば黒板アートなどもお勧めですが、ここでは絵が得意でない方でもできる写真を使った簡単な演出を紹介します。

　多くの学校で様々な行事の写真をデータで保存していることと思います。この3年分の写真を印刷します。このとき、どの生徒の写真も印刷できるよう、チェックしながら写真を選ぶことがポイントです。そして前日までに印刷した写真を教室や廊下に掲示します。これだけで、当日は朝から写真を見ながら、生徒が3年間を振り返り、自然と思い出を語り合うことでしょう。卒業式の雰囲気づくりに教室環境を活かそうというわけです。

時間が確保できるような場合には卒業制作と称して，教室の備品を作るという取り組みもお勧めです。私は過去に卒業生に時間割表を全教室分作成させたことがあります。このような取り組みは自分の学級だけでなく，全校の教室をよりよい環境にすることができます。また卒業後，生徒が中学校を訪ねてきたようなときに，「あぁ，これは昔自分たちの学年で作ったものだな」と懐かしく振り返るといった効果もあります。

さきがけ♥・アクセル★

❺カウントダウンカレンダー

　学校行事の前に当日に向けたカウントダウンのカレンダーを作るという取り組みも行事に対する雰囲気づくりに有効です。これはどの行事でも使うことができますが，中学校最後の行事という立場の3年生で取り組むと最も効果を発揮するように感じています。

　カレンダーには右の写真のように簡単な「ひとことメッセージ」の欄を付け加えましょう。行事に向けて学級の気持ちがより高まっていくこと間違いなしです。

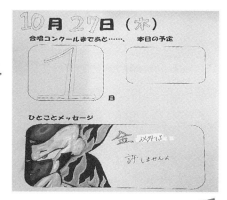

しんがり♡・アクセル★

🌱進路の意識を高める

❶面接に向けて

　高校入試では面接試験を課している高校もあります。面接では当然正しい言葉遣いが要求されますが，日常生活で生徒が使用している友人との言葉遣いとの違いに慣れることができず，なかなかうまく話せないということも多いようです。ここでは日常生活で飛び交う言葉を広く教室環境と定義し，その対策を2点紹介します。

　一つ目に，普段から教師が言葉遣いに気をつけることです。当たり前のことと思う方もいることでしょう。現代の生徒はインターネットを含む様々な言語環境に身を置いていますが，最近の生徒の中にはそもそも正しい言葉遣いのモデルをもたないような場合もあります。このような生徒に言葉遣いを正しくするよう求めても，どんな言葉遣いが正しいものかわからないために，なかなか効果が出ません。そこで教師が正しい言葉遣いのモデルとしての役割を果たすことで，生徒に「本当はこういう言い方をするのだな」と日常から触れさせておくのです。モデルさえもっていれば，あとは本人の心がけの問題となりますから，面接を控え，言葉遣いに対する意識が高まってくると，自然と言葉遣いは改善していきます。そうはいっても，学級の実態によってはさらに道徳の授業などで「ウザい」「キモい」「死ね」などの相手を傷つける言葉遣いについて扱う必要もあるかもしれません。

　二つ目に，3学期の入試が目前に迫ってきた頃に「面接言葉デイ」「面接言葉ウィーク」を設けるという取り組みです。先述の取り組みでは，間違った言葉，良くない言葉を直すためのモデルとはなりますが，面接用の敬語を使った話し方にまではなかなか高まっていきません。

そこで，期間を決めて，その期間だけは教室で面接のときのような言葉遣いをするのです。面接は高校入試に限らず，就職など，誰もが人生で一度は経験するものですから，高校入試に面接がある生徒に限定せず，学級全体で取り組みましょう。ポイントはゲーム感覚で楽しみながらやることです。ドアの開け閉めなども追加するとより面白くなります。

　この期間は授業中の先生との会話も面接のときのようにきちんと話すことになります。教科担任の先生も，担任が何を意図してこのような取り組みをしているのかすぐにピンとくるものです。きっとこの練習を面白がって一緒につきあってくれることでしょう。こうして教科担任と生徒との関係づくりにも，間接的に作用していきます。

　「面接は付け焼刃では通用しない」とよく言われます。これは逆に言えば「日常をしっかりさせれば，自然と面接自体もうまくいく」ということです。正しい言語環境の日常をゲーム感覚で楽しむことで身につけておく。こんな意図的な環境づくりが生徒の将来にすら影響し得るということです。

しんがり♡・ブレーキ☆

❷合格絵馬

　個人目標を書いて掲示するような取り組みは，多くの教室で行われているところですが，これを絵馬にすることで，受験に対する意識がぐっと高まります。受験先を書きたくないという生徒もいますが，そんな生徒も「高校合格」とだけ書くようにすれば問題ありません。こうしてできた絵馬を一斉に掲示することで教室全体が一気に受験ムードになります。

しんがり♡・アクセル★

3 教室環境の意義

　3年生ともなると，しんがり・アクセルの要素が強まっていきます。このアクセルの加速度をさらに高めるものとして教室環境を捉え，それぞれの教室に合ったアレンジを加えましょう。生徒主体の取り組みがきちんと加速するような環境設定こそ，3年生の1年をこれまでの中学校生活の集大成と生徒に感じさせ，思い出に残る中学校生活にするための肝と言えます。

（髙橋　和寛）

7 旅行的行事

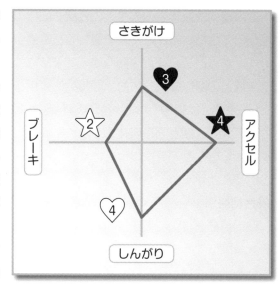

　3年生の旅行的行事といえば修学旅行。各学校で個性的な取り組みを展開していることでしょう。

　実施時期は，地域によって若干の相違があるものの，多くは春季（5月〜6月）もしくは秋季（10月）実施で，2泊3日の日程で飛行機や新幹線を利用して異なる文化圏に行っているようです。また，生徒が主体的に取り組む工夫として，班別自主研修（班別行動）や体験的な学習を取り入れる学校も多いことでしょう。

　生徒には最大限の楽しさや達成感を味わわせて，一生の思い出になる経験をさせてあげたいところですが，いつまでも心の中に残る楽しさや達成感は順調に物事を進めることのみで味わうものではないはずです。困難や逆風を仲間と力を合わせて乗り越えてこそ，大きな喜びや友との絆を実感できるのではないでしょうか。

　単なる物見遊山にならぬよう，事前学習を確実に行い，事後学習に効率良く取り組むマネジメント感覚が求められます。

✓ 担任力チェックリスト

- ☐ 学年内で，父性・母性・子ども性を分担して演じているか
- ☐ 学年教員団は仲が良いか
- ☐ 旅行業者と良好な関係が築けているか
- ☐ 生徒を巻き込み，「任せる覚悟」はあるか
- ☐ ベテラン教師に若手を育てる意識はあるか
- ☐ 不登校傾向の生徒に，学年教員団はチームとして対応しているか
- ☐ 教員の得手不得手を理解し，適材適所で仕事を分担しているか
- ☐ 教員自身が修学旅行を楽しもうとしているか

1 旅行的行事の目標

　3年生の修学旅行は，3年間の旅行的行事の集大成として個人の成長に重点を置きます。2年生の旅行的行事より，多岐にわたる活動の選択肢を用意し，生徒個人に学びの場を主体的に判断・選択させ，質の高い学びとともに発表・まとめを要求していきます。形としては学年や学級といった集団としての活動形態・学習形態をとりながらも，実は個人の活動や学びがそれを支えているというような，個人の自主的・主体的な活動を求める場面が増えてきます。実際，修学旅行の学習場面は2年生の旅行的行事より活動時間も長く大規模な活動になっているはずです。

　修学旅行の内容は，大きく分けて学年全体で行動・見学する時間と，生徒が自主的・主体的に動くことを求められる班別自主研修（班別行動）の時間とで構成されるのが一般的になりつつあります。2年生で一度経験している班別自主研修をさらに大きな規模で展開するようにし，研修場所はできる限り生徒の意思を尊重するようにします。

　修学旅行での班別自主研修は，自らの興味関心に基づいた課題を生徒各自で設定し，その課題を解決できる場を主体的に選択していきます。生徒によっては有名大学や一流企業など，大人では名前を聞いただけで一歩引いてしまうような研修場所を選択するかもしれませんが，我々も固定観念にとらわれず，「やってみるか」と冒険してみることで生徒との一体感も出てきます。安全管理上，複数で行動することが原則ですが，研修内容や研修方法，まとめ方は，共通のアウトラインを設けたらその後は個人に考えさせ，結果に対する責任も一緒についてくることを理解させます。楽しさや面白さの追求のみにならぬよう配慮し，特に「○○地方の食文化について」などという課題には，課題設定の時点で「『おいしかった……』だけでは済まないよ。味を文章で表すのは難しいからね。でもそれを多くの人に伝えられたらすごいね」などというように，単なる食べ歩きで終わってしまわないように事前指導を強化し求める学習レベルを示します。もし，認めるべきか否か判断に迷う場合は管理職に相談し，保護者にも経緯を含めて説明し理解を求めましょう。

　大きな時間と費用をかけて行うのですから，「費用対効果」を意識し，最大の効果が上がるよう，教師も生徒も知恵を出し合いましょう。

2 旅行的行事「修学旅行」実施の手立て・意識すること

　一生の思い出に残る修学旅行は，教師と生徒が力を合わせて実現できるのだということを，2年生の後半あたりから機会あるごとに語るようにしましょう。

　教師からのトップダウンのみで全生徒を巻き込むのは無理であることを伝えて協力を求め，よりよい修学旅行にするために全生徒が力を発揮し，みんなでつくり上げるのだという空気を

醸成していきます。2年生でのリーダー生徒による「ミドルアップダウン」から，リーダー生徒のみならずすべての生徒を巻き込む「ボトムアップ」を意識した活動を展開していきます。

これまでの行事や日々の実践の積み重ねで良好な信頼関係が築けていれば，ハードルの高い要求でも，教師の「やってみよう！」という声に生徒は「やりたい！」「やってみます！」と呼応するでしょう。また，そのような生徒との関係がつくられるためには，その前提として，学年団の教員同士が良好な関係で結ばれていなくてはなりません。

❶実行委員会を鍛える

学年のリーダーである実行委員会には「厳しい優しさ」で対応します。そのため，実行委員会のメンバーと担当教員は緊密につながります。

修学旅行実行委員会は，遅くとも実施の2ヶ月前には委員を選んで最初の会合を開くようにします。それ以後は教員の会議を開いたら，実行委員会を開いて学年部会での決定事項を伝えます。ここで質問や意見が挙がった場合には誠実に耳を傾け，学年部会で再度議論したり，場合によってはその会議に実行委員を参加させたりして意見を述べさせます。

学年教員団は「物わかりのいい大人」にならず，全体の利益にならない要求には毅然とした対応をしつつ，一方で生徒の意見に共感する部分があれば前向きに取り入れるよう心がけます。実行委員を生徒ではなく，同志として位置づけ，意見を尊重すると同時に責任についても意識させるようにします。

実行委員会は学年教員団と学年生徒の板挟みになって切ない思いをすることもあるかもしれませんが，学年教員団はリーダーたちの動きから目を離さず，最小限の指導・支援で動けるような距離感をもって見守ります。学年教員団全員で，特にリーダー的立場の生徒に対しては，厳しい要求をするけれど，たくさん可愛がるというスタンスで接します。　さきがけ❤・アクセル★

❷世界観を広げる

遠く地元を離れて費用と時間をかけて学びに行くのですから，その場その時でないとできない学びをしなくてはなりません。ですから地元では見られないもの，できない経験を選択していきます。さらに，卒業してから個人旅行でも行けるような所は訪問候補から極力外すようにします。決して生徒が喜ぶ場所が価値のある研修場所というわけではありません。中学3年生の今この時に見てほしいもの，感じてほしいもの，そして，このタイミングで見ておかなければ生涯見ることがないようなものに触れさせたいものです（例えば私の勤務地の北海道道央地域では長い間，青森・岩手を訪問していましたが，最近では飛行機で東京へ行く学校が飛躍的に増えました。成人してから東北地方の上空は飛ぶことがあっても，訪問する機会は滅多にないと思います。この点から，北海道からの修学旅行は東京よりも東北地方の方が適地であると私は考えています）。

また，戦争経験者の方の話を聞けるのも今が最後の機会と言えるでしょう。戦後70年以上が経ち，実際に戦地に赴いた人は約90歳以上，空襲など戦時体験を語れる人でも80歳前後

になっており，20年後には戦争経験のある方はぐっと少なくなってしまっていることでしょう。

　東京や大阪に代表されるようなテーマパークの扱いについても慎重である方がよいでしょう。それらのテーマパークにはいつでも行けます。その場その時でしかできない経験があるのなら別ですが，「楽しいから……」「生徒が喜ぶから……」という理由だけで選択するのは浅薄ではないでしょうか。

　以前の勤務校で，積極的にテーマパークやエンターテイメント（お笑い系）鑑賞を行程に入れた学年がありました。生徒からは好評でしたが，保護者からは「そんな所いつでも行けるのに……」という声があり，さらに次年度以降はそれに縛られることになってしまうということもありました。

　学年教員団は，他校ではできないようなプログラム，生徒たちが満足して，そこを訪問したことを誇りに思えるようなプログラムを創出したいものです。　さきがけ♥・アクセル★

❸気づきを与える

　情報化社会とはいえ，生徒は自宅・学校間を中心に，広くても近隣の都市圏といった世界に生きています。だから，たとえテレビ等で異文化や今まで知らなかった世界を垣間見たとしても，自分の触れてきた文化との相違に気づかず，その場その時の一過性の感情に終わってしまっています。是非とも，実際に違う文化圏に身を置くことで，自分の知る世界がすべてではないことに気づかせたいものです。訪問場所と地元を比較することで，ふるさとの良さを再認識することもあるでしょうし，短期間とはいえ親元を離れて過ごすことで，親のありがたさに気づく生徒も出てくるでしょう。

　修学旅行では，自分一人の力では決して実現しなかったことに気づかせることができれば自然と「感謝」という感情が生徒の中に芽生えてくるでしょう。　しんがり♡・アクセル★

❹生徒指導

　修学旅行の直前または最中に異装や不要物などの生徒指導が入らないようにしたいものです。困難校にお勤めの先生方からは，「何を甘いことを……」とお叱りを受けそうですが，「環境管理型権力」を用いての生徒指導を目指してみましょう。

　生徒たちがまだ発達途上の場合には，全体のルールに対して無理な要求や，個人の利益を求める声が上がるかもしれません。しかしここでもリーダー生徒も巻き込んで権限と責任を与えつつ，「全体の利益」を担保するという視点から理解させ，それをリーダー生徒から学年全体へと拡散していくようにします。

　3年生になると，すでに進路を意識して言動を変えたり，積極的に集団の中での役割を果たそうとしたりする生徒がいるはずです。集団の力が育ち，学年集団全体の利益になるか否かという視点で思考できる生徒が多数派になってきていれば，「集団を壊す勢力」は自然と淘汰されるようになってきていることでしょう。たとえ少数派がやんちゃをしても「いつまで馬鹿な

第2章　必ず成功する学級経営　365日の学級システム　中学3年　59

ことやっているの……」と周囲が冷めた態度で同調せず孤立させていけば，やがて沈静化していきます。教師が直接指導しなくても，集団の空気が圧力をかけ生徒を変える，そんな集団として修学旅行を迎えたいものです。

　もちろん，このような空気は一朝一夕に形成されるものではありません。先生一人ひとりではなく，学年教員団と学年生徒との間にラポールが構築されていれば，日頃から積み重ねてきた生徒との関係性がここで生徒指導の機能となって現れてきます。　しんがり♡・アクセル★

❺コミュニケーション能力の伸長を図る契機にする

　自分一人の力の限界を感じさせ，仲間とつながる必要性・有効性を学ばせたいものです。生徒たちは，班やグループで協力し合うことは学校内で経験していますが，活動の場が大きくなるにつれて，老若男女を問わずにつながることができる力が求められてきます。例えば，知らない街で道を尋ねたり，自主研修の訪問場所で応対したりする場面です。

　SNSを通して多数の他者とつながっている生徒たちですが，生身の人間，ましてや初対面の人との対応には不安を抱くはずです。しかし，人と関わらず人間社会を生きることは不可能です。

　誰にでも自分の思いを伝え，双方向のやりとりを通して自己開示し他者理解に至る。そのような経験を通して，コミュニケーションへの恐怖心を好奇心へと変えていきたいものです。　さきがけ♥・アクセル★

❻進路の意欲の強化

　今まで知らなかった世界を見て，新たな知識としてそれを内部に蓄積して進路選択の判断材料にしていきます。将来の職業選択について，生徒たちはただ単に，「○○になりたい」から，「○○という職業には，こんな苦労があるんだなぁ」とか「思っているより厳しい世界なんだなぁ」とかというように，具体的にその職業を知ることによって，未来像をイメージすることができるようになります。

　3年生の自主研修，特に課題解決場面では，自己実現の一助となるような体験をしたり，実際にその道のプロに，どのように考えどのように行動してプロになったのか聞いたりすることで，書籍やネット上とは違った学びをしていきます。将来にわたって活かすことができる学びをさせたいものです。　しんがり♡・アクセル★

❼事後学習の充実

　修学旅行は帰ってきたらそれで終了ではありません。事後学習として，まとめ・発表の活動を取り入れることで，当日の活動が「事後学習に向けた研修の場」として一層機能するようになります。

　総合的な学習の時間との関係で事後学習に充分な時間を取れず，感想文やお世話になった方々へのお礼状，または，レポートを作成して発表に代えるということもあると思いますが，ここでは旅行的行事の総仕上げとしてパワーポイントによる発表会を開くことをお勧めします。

3年生としてのまとめが「個人の学び」となるように，1年生でのポスターセッションから2年生でのグループでのパワーポイント作成を経て，3年生の個人でのパワーポイント作成に至るように計画的・発展的に道筋がつけられていると思います（発表会を開かないという学校でも，まとめの方法は1年生から発達段階に応じて設定されてきているはずです）。

　自分自身が自らの興味関心に基づいた課題を設定し，その課題を解決した経過や結果を発表するのですから，生徒たちはそこそこ意欲的に取り組むはずです。画像の処理やアニメーションの挿入など，自分のイメージに沿ってすべて自分の意思で進めていきます。もちろん，わからない操作は仲間に助けて教えてもらうのはOKですが，その仲間も同じように作業に取り組んでいるので，依存しっぱなしというわけにもいきません。あくまで主体は自分であり，他人に頼るのは最小限になるように指導します。

　難しいのは発表時間の確保です。学年全体で全員のスライドを鑑賞するのが理想ですが，それは時間的に不可能。そこでお勧めするのは，学級での発表と学年での発表という2段階で行う方法です。まず各学級で全員が一人3〜5分程度で発表会を行い，その中から是非学年全体に発表したいものを2〜3程度選び，それを学年発表会で発表するという方法です。学級数にもよりますが，研修した場所が重複しないよう調整しながら決定していきます。

しんがり♡・アクセル★

3 ｜ 旅行的行事の意義

　遊びに来た卒業生に中学校一番の思い出を訊くと「修学旅行！」と答える生徒が多数います。義務教育一番の経験とも言える修学旅行に生徒とともに関われることは教師にとって何よりの喜びです。

　では，なぜ，それほどまでに修学旅行が強く印象に残っているのでしょうか。それはきっと，普段の学校生活で経験できない内容が，修学旅行にびっしり詰まっているからではないでしょうか。個人の旅行ではなかなか訪れることができない場所を訪ね，現地の人々とのふれあい，それまで本やテレビでしか見ることができなかった世界を実際に垣間見ることで，今まで生きてきた世界とのギャップを感じる……。

　我々は，そのような一生涯生徒たちの思い出に残るかもしれない修学旅行を，前例踏襲という安易な道に流されず，オンリー・ワンの行事として，毎年心新たにその学年生徒に相応しい修学旅行を創造したいものです。

　生徒と教師，生徒同士，生徒集団と教員集団の毎日の小さなふれあいの蓄積に，プラス面でもマイナス面でも行事という場面で大きな利息がついて返ってくる。毎日の我々の在り方・立ち方が，行事における生徒の姿を通して現れる。こんなに恐ろしくもやり甲斐を与えてくれるものはそうそうありません。

（高橋　勝幸）

体育的行事

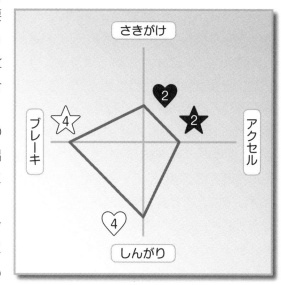

　中学校3年生の体育的行事は，とりわけ重要な意味合いをもつ行事です。クラス替えを行った学級の場合は生徒間の人間関係を構築する役割を担い，2年生から持ち上がった学級の場合は学級の団結力や絆を深める役割を担います。この行事を成功させることで，その後の学級の雰囲気がよりよいものとなるだけでなく，合唱コンクールや文化祭などの行事への取り組みにも勢いが出ます。

　また，生徒たちは，1・2年生のときに様々な行事を経験しているため，自分たちで行事に取り組むことができます。これまでの経験をもとに，自分たちで行事に取り組ませ「自分たちの力で行事を成功させた」という達成感を味わってほしいものです。

✓ 担任力チェックリスト

- ☐ リーダー生徒を動かすことが得意か
- ☐ 生徒たちを主体的に活動させる方法を知っているか
- ☐ 学級への所属感を生徒にもたせることができるか
- ☐ 担任が動く場面と生徒中心に動く場面の判断をつけられるか
- ☐ リーダー生徒の活動に対して，適切なアドバイスを送る意識をもっているか
- ☐ 担任が語りたいことを我慢することができるか
- ☐ 担任学級の生徒の運動能力を把握することに努めているか
- ☐ 体育教師との連携はとれているか
- ☐ 体育祭後の学級をイメージし，それに向けた手立てを考えることが得意か

1 体育的行事の目標

中学校3年生の体育的行事（以下体育祭とする）の目標は，大きく二つあります。

一つ目は，学級の生徒同士の人間関係を構築すること，および学級の団結力や絆を深めることです。3年生になる際にクラス替えを行った場合は前者，2年生から学級が持ち上がった場合には後者が主な目的となります。

二つ目は，生徒たちが主体的に体育祭に取り組み，「自分たちの手で行事を成功させた」という達成感を感じさせることです。自分たちで決定し，実践したことが成功するという体験は，学級という集団を一回りも二回りも成長させるだけでなく，生徒一人ひとりを成長させることにもつながります。また，ここで成功を経験したクラスは，合唱コンクールや学校祭・文化祭等の行事へも主体的・積極的に取り組むようになります。

ただし，「生徒主体」といっても，教師は意図的に生徒たちに関わっていかなければなりません。よく，「生徒に任せているから」と言って生徒に対して何も働きかけない教師も見られますが，「生徒主体＝放任」ではないところに注意が必要です。

2 体育的行事の手立て

🌱事前指導

❶学級システムの確立

⑴ 生徒たちを中心に学級のルールを定着させる

堀裕嗣先生が提唱している「3・7・30・90の法則」では，学級開きをスタートとした最初の30日間で「学級のルールを定着させ，システム化する」必要があると言われています。

1・2年生のとき，学級のシステムやルールを学年統一で行ってきた場合は，学級開き後，比較的スムーズに学級のシステムが機能します。このような場合，教師は学級のシステムやルールを簡単に生徒と確認するにとどめ，ルールの定着は，生徒たちに点検活動や声かけを任せる形で行うとよいでしょう。

一方，1・2年生のとき，学級のシステムやルールを学年で統一していなかった場合は，教師が学級システムおよびルールを提示し，教師主導でルールを定着させます。そして，そのルールが定着したかどうかの確認を生徒たちが行うようにします。つまり，最初は教師主導で実践し，その後徐々に生徒たちの手に委ねるということです。　　　　　さきがけ♥・ブレーキ☆

⑵ 学級での話し合いの機会を設ける

生徒たちの主体性を育てるうえで，話し合いは重要な意味をもちます。話し合いが学級という集団を成長させると言っても過言ではないでしょう。

教師が提案した学級システムやルールが，生徒にとってやりづらい場合があります。また，

集団生活を行っていれば何かしらのルールを追加する必要に迫られる場合があります。このようなとき，学級のリーダーを中心とした話し合いをもちましょう。その中で「どのようなルールが必要か」，「現在のルールをどのように改善すればよりよい生活ができるか」を話し合います。体育祭に限らず，生徒主体で学校行事に取り組む場合は，学級会の機会を定期的に取り入れましょう。

(3) 仲間同士で認め合える雰囲気をつくる

　体育祭を生徒主体で行う場合，生徒間の話し合いが重要な意味をもちます。生徒同士がよりよい話し合いを行うためには，生徒一人ひとりに学級への所属感をもたせる必要があります。この所属感が，生徒らの安心へとつながるのです。

　話し合いで自分の考えや意見を発言するためには，「みんなが自分の意見を聞いてくれる」「このクラスなら自分の意見を言っても大丈夫」といった雰囲気が醸成されていなければなりません。このような雰囲気が学級に醸成されていない場合は，互いに「我関せず」の状態となり，生徒主体での活動が難しくなります。担任は，生徒たちの人間関係や学級の雰囲気を見ながら，集団として活動できるよう働きかけていくことが求められます。

しんがり♡・ブレーキ☆

❷ リーダーの選出

　体育祭のリーダーは，1・2年生の行事でリーダーを経験した生徒が務める場合と，初めてリーダーに挑戦する生徒が務める場合のふた通りが考えられます。3年生の体育祭は，生徒主体，つまりリーダーが中心となって活動する場面が多くなるため，リーダー経験のある生徒が望ましいと考えています。ただし，リーダー経験がなくても，まわりが支えたくなる人望のある生徒であれば，リーダーの役割を果たせると思います。

　ここでは，学級対抗型と組団対抗型の体育祭のリーダー選出に注目します。

(1) 学級対抗型の体育祭におけるリーダーを選出する場合

　学級対抗型の体育祭のリーダーは，過去の行事でリーダー経験のある性格の明るい生徒が最適でしょう。このようなクラスのムードメーカー的存在の生徒は，応援する場面や生徒全員でかけ声をかける場面などで学級の雰囲気を盛り上げてくれます。ここに，「過去の行事でリーダー経験のある」という条件をつけたのは，後述するような学級での作戦会議を運営するためです。一度リーダーを経験している生徒であれば，経験のない生徒よりもまわりのことを考えた話し合いを進めることが期待できます。

　ただし，行事でのリーダー経験が全くない生徒がリーダーに立候補する場合があります。この場合，担任は簡単に決定するのではなく，担任が考える体育祭のリーダーの仕事を詳しく説明し「本当にできるかい？」と念押しをします。そのうえで「リーダーをやる」という覚悟を決めた人望のある生徒をリーダーに決定するとよいでしょう。

さきがけ♥・ブレーキ☆

⑵ 組団対抗型の体育祭におけるリーダーを選出する場合

　３年生は，１・２年生のリーダーとして，体育祭全体を取り仕切る立場になります。応援合戦などの組団全体で活動する種目の練習で後輩に手本を見せたり，指示を出したりする役割を担います。そのため，全体の前でも堂々と話せる生徒，同級生や後輩に一目おかれている生徒が最適だと考えています。

　教師は，リーダーの動きを見ながら，リーダーの言動で気になった部分をアドバイスするというスタンスで関わるとよいでしょう。最高学年のリーダーは，自分たちでやりたいと思っている場合が多いため，あまり口出しをするとやる気をなくしてしまう傾向にあります。あくまで，教師は脇役に徹しましょう。　　　　　　　　　　　　　しんがり♡・ブレーキ☆

❸作戦会議

　作戦会議の主な内容は，選手決定です。誰をどの種目に出場させればより高得点が狙えるのか，チーム全体の視点に立って考え，話し合っていきます。その際に気をつけるべき視点をここでまとめます。

⑴ 適材適所の出場種目決定

　学級のリーダーを中心に話し合いを行い，出場種目の決定を行います。話し合いのテーマは，「チームが高得点をねらえる出場種目決定」です。

　例えば，騎馬戦という種目の出場者を決定する場合，誰が馬になることで機動力を活かせるのか？誰が上に乗ることが最善なのか？等を話し合わせ決定していきます。

　また，体育祭で陸上競技大会を実施する場合は，長距離が得意な生徒は長距離に，走高跳が得意な生徒は走高跳に出場することが求められますが，必ずしも生徒本人がその種目に出場したいと考えているわけではありません。担任は，チームの希望と本人の希望とのずれを埋めていく学級の話し合いを見守りましょう。そして，話し合いが難航した場合にのみ，手を差し伸べましょう。そうすることが，集団の力を高めていきます。　　　　しんがり♡・ブレーキ☆

⑵ 欠席者の種目決定および希望通りにならなかった生徒への配慮

　１・２年生のときに，担任の先生が，欠席者の出場種目決定や希望通りとならなかった生徒への配慮を意識していれば，リーダー生徒やまわりの生徒は，そのときの配慮を覚えているものです。これも作戦会議の大切な要素です。リーダー生徒を中心として，欠席者の種目決定等も行わせましょう。ここで担任がチェックすべきポイントは次の通りです。

> ①　長期欠席生徒の出場種目について，事前に本人と確認しているか。この確認は，担任が行ってもよい。
>
> ②　体調不良等で欠席した生徒がいる場合には，今回の決定を仮決定としているか。
>
> ③　希望する種目にならなかった仲間への声かけができているか。

第２章　必ず成功する学級経営　365日の学級システム　中学3年　65

先の①～③の中で，不十分な点があれば，リーダーに「○○君が，希望種目にならなかったことをまだ納得していないみたいだよ」などと声をかけましょう。生徒同士でうまくいかなそうな場合は，担任がフォローにまわります。　　　　　　　　　**しんがり♡・ブレーキ☆**

(3)　不登校生徒へのはたらきかけ

中学校生活最後の体育祭を成功させるための要素はいろいろあります。その中に「全員揃って」という要素があります。これは，担任としての思いによるところが大きいかもしれませんが，最後の行事は「全員で参加する」ということに可能な限りこだわりたいものです。

作戦会議の中で，不登校生徒を参加させるための作戦を立てるのも一つの手だと思います。例えば，体育祭の練習がある日には，仲の良い友達が朝家まで迎えに行くといったことが生徒の中から出てくるとよいと思います。

ただし，注意しなくてはいけないのは，不登校生徒全員にこれを適用できないことです。人間関係のトラブルがきっかけで不登校になった生徒や，集団不適応の生徒に対して積極的に働きかけると逆効果になる場合があります。担任は，生徒同士で働きかけて大丈夫な生徒とそうでない生徒を見極め，生徒たちに働きかけていく必要があります。　　**しんがり♡・アクセル★**

❹学級の士気を高める掲示物の作成

最後の体育祭へ向けた各自の目標や決意を掲示板に貼ることで行事への意欲を高めることができます。また，これと併せて学級の体育祭の目標を書いたものを掲示することも効果的です。

個人用シートには，「体育祭への決意」「出場種目」「各出場種目の目標」などの項目を設け，生徒に記入させます。また，体育祭の学級目標については，体育祭専用の学級旗を作製し掲示するのもよいと思います。放課後活動に作製時間を確保することが難しい時代ではありますが，学級旗のデザインや制作を仲間とともに行うことで連帯感も生まれます。

学級旗とはいかないまでも，学級の仲間たちで何かを創り出す活動を取り入れたいものです。

　　　　　　　　　　　　　　　　　　　　　　　　　　　　しんがり♡・アクセル★

❺体育教師との連携

行事に関係ある教科の授業をのぞきに行くことで，教師のやる気が生徒に伝わります。可能な限り，体育の授業を参観しましょう。そして，参観するだけではなく，教師自身も学級の戦力を分析するために，体育教師と積極的にコミュニケーションを図りましょう。

自分の学級では，「誰が一番短距離を得意としているのか」「誰が一番ボールを遠くまで投げられるのか」などを把握しておく必要があります。先に述べた作戦会議の中で「先生はこう思うぞ」と的確なアドバイスができれば，生徒からの信頼も得られます。　**さきがけ❤・アクセル★**

🌱体育祭当日

❶朝学活

体育祭当日の朝学活は，リーダー生徒に任せましょう。あらかじめ，生徒主体の当日用朝学

活を担任が準備しておき，リーダー生徒と打ち合わせをしておきます。内容は，学級が「これから頑張るぞ」と思えるようなものがよいでしょう。

ここでの担任は，言葉少なく一言で終わることが理想でしょう。生徒たちが作戦会議までしてここまでたどり着いたのです。そして，担任は，当日までにたくさんの種を蒔いてきたはずです。当日の朝になって語ることがたくさんある場合，体育祭は失敗に近いと思います。

しんがり♡・ブレーキ☆

❷体育祭

競技の進行を見守りながら，生徒が活躍する場面を写真におさめましょう。

中学校生活最後の体育祭は，生徒にとっても保護者にとっても特別なものです。後日，写真をプレゼントするとたいへん喜ばれます。あるいは，卒業式の日に体育祭の写真をまとめてプレゼントしてもよいでしょう。体育祭という学校行事の思い出をデザインすることも，担任の役割の一つと言えるでしょう。

さきがけ♥・ブレーキ☆

❸体育祭終了後

体育祭終了後の学活も朝学活と同様，生徒主体のプログラムを準備しましょう。最後まで，生徒主体で取り組ませることに意味があります。ここでも担任は，言葉少なく話をまとめましょう。担任が体育祭で感じたことがあれば，この場ではなく，学級通信等の中で思いを伝えるのがよいでしょう。

しんがり♡・ブレーキ☆

🌱事後指導

体育祭の目標の振り返りを行いましょう。個人の目標は達成できたか，学級の目標は達成できたかを必ず振り返ることが大切です。形だけの目標に意味はありません。目標は，振り返ることで初めて意味をもちます。

また，目標だけでなく学級の取り組みはどうだったのかを振り返ることも大切です。ここでの取り組みは，今後の行事や学校生活の中でも活かされます。担任からも積極的にアドバイスを送りましょう。

しんがり♡・アクセル★

3 体育的行事の意義

成功した体育的行事の中でも，中学校３年生のときのものほど記憶に残ります。私自身も，最高学年だった中学３年生の体育祭の思い出が色濃く残っています。 中学校３年生の行事は，すべてに「最後の」という言葉がつきます。最後の体育祭での成功体験は，その後の行事へ向けてのモチベーションを高めます。このクラスで取り組むすべての最後の行事を成功で終わらせるために，担任は体育祭の成功に全力を尽くしたいところです。

（新里 和也）

9 通知表

持ち上がっている生徒がいる場合，所見を書く際にマンネリ化やネタ切れが起こりやすくなります。また，そうでなくても生徒や保護者にとって所見文をもらうのは9年目。抽象的で具体性に欠ける文章だとさっと読み流されて終わりです。

一人ひとりの生徒に対して新たな成長を促し，さらに伸ばしていくような所見であれば，しっかり読んでもらえるはずです。

この3年生版では，生徒を見るうえでの視点の変化や新たな長所を発揮させるための働きかけについて述べてみたいと思います。

※本シリーズ1年生版では所見文の「基本形」や「行動の記録」との関わり，同2年生版では自己評価や相互評価，道徳との関わりについて書いています。こちらも参考にしてください。

✓ 担任力チェックリスト

- □ 2年生担任からの引継ぎ資料や指導要録に目を通したか
- □ 通知表が教師にとっての自己評価であるという意識をもっているか
- □ 普段から生徒のエピソードを書き留めているか
- □ 事前に生徒間の相互評価をとったか
- □ 事前に生徒の自己評価をとったか
- □ 行動の記録に○がつけられるよう，行動目標を生徒と確認しているか
- □ 生徒によって所見の文書量に差がないか
- □ 個々の生徒をより深く見る機会を意識的にもっているか
- □ 生徒の短所を常にリフレーミングして見ようとしているか
- □ 読んだ生徒や保護者の心があたたかくなるような所見になっているか

1 | 通知表の目標

受験を控えた3年生とその保護者にとって数字や記号の羅列である評定欄や「行動の記録」は1，2年生のときよりさらに冷たく，重く感じられるものです。だからこそ最後の所見欄は一人ひとりの良さを認め，読むことで個々の生徒のやる気と自己肯定感がアップするような文章にしたいものです。

2 | 通知表作成の手立て

❶所見を書く際の心構え—見る視点を変える—

(1) 生徒のことをきちんと「知る」—より深く見る機会を意識的にもつ—

自分ではしっかり「見ている」つもりでも，それが表面的な理解にとどまっていると，十分に一人ひとりの生徒を伸ばしていくことはできません（例えば，学級代表に立候補した生徒がいたとします。それは部活動を経てリーダー性が育った成果なのか，周りとの人間関係が安定してきた結果なのか，過去の学級代表に不満をもっているからなのか……。その違いを知らない教師よりも知っている教師の方が個々の生徒を伸ばせるだろうということです）。だからこそ，ときには見る機会を意識的にもつことで積極的に生徒を「知る」ことが必要となってきます。

ハッピーシート								
	1			2			3	
	日付		素敵な行動	日付		素敵な行動	日付		素敵な行動
新里〇〇	／	（ ）	階段清掃で，自分の仕事が終わってからも汚れている箇所に自ら手伝いに行くことができていた。	／	（ ）	教室に入ると一番最初に大きな声の挨拶を笑顔とともにしてくれる。	／	（ ）	チャイム着席が遅れそうな生徒に「座ろうよ」と一声かけることができる。〇〇君のような生徒がいるおかげでクラスが自治的な集団になりつつある。
山下〇〇	／	（ ）	男女分け隔てなく，多くの級友と笑顔で会話ができている。クラスの潤滑油的存在。	／	（ ）	修学旅行の自由行動のコース設定の際に，周りの意見をしっかりと聴きながら，その相違点や共通点をしっかりとおさえ，的確な発言でまとめあげていた。	／	（ ）	配付物が多い際に何も言わずにサッとプリント配りを手伝ってくれている。
渡部〇〇	／	（ ）	音楽の授業で私語をする生徒が多い中，しっかりと歌う姿を周りが見ていた。	／	（ ）	コミュニケーションタイムでは，絶妙なツッコミを入れながら班員との会話を盛り上げている。	／	（ ）	体育大会で優勝を逃して周りが沈んでいても，「みんなが全力を出していたことに価値があるよ」と笑顔で声をかけてくれていた。

第2章　必ず成功する学級経営　365日の学級システム　中学3年　69

前ページの「ハッピーシート」では，例えば1日に3人対象となる生徒を決め，意識してその3人とコミュニケーションを多くとったり，丁寧に観察し，記録していきます。書くのはプラスのエピソードだけなので，生徒も担任もハッピー。1日に3人でも3週間で45人。1学期の間に1人あたり三つ以上のハッピーなエピソードが蓄積されていくこととなります。学期末にはそのエピソードの中からいくつかチョイスし，指導言を付け加えるだけで所見完成です。この方法を使うようになってから，私は所見作成の時間が大幅に減りました。

しんがり♡・アクセル★

(2) 今までと違った角度から「見る」—「リフレーミング」の活用—

「リフレーミング」という言葉を聞いたことがあるでしょうか？

元は家族療法（家族を対象とした心理療法）の言葉のようですが，今は教育現場でも広く活用されています。

簡単に言うと，物事を見る視点（フレーム）を，新たなものに組み直すこと（リフレーム）です（例：ペットボトルの飲み物が半分くらい残っていて，悲観的に考えると「もう半分しかない」と思うのを，楽観的に考え，「まだ半分ある」に変えるようなことです）。これを生徒に活用すると，「絶えずしゃべり，落ち着きがない」と感じていた生徒を「周りの雰囲気を活発にし，盛り上げる」と見ることもできます。長いこと一緒にいると生徒一人ひとりの長所も「当たり前」のものに感じられてしまったり，いつしか短所ばかり目についてしまうこともあります。そんなときに「リフレーミング」を活用することで，所見のみならず普段の生徒との接し方までも変わり，生徒とのつながりがよりあたたかく，幸せなものになっていくことでしょう。

以下にリフレーミング一覧表を載せました。是非とも参考にしてください。

しんがり♡・アクセル★

目につく欠点		リフレーミング
いい加減，適当	➡	こだわらない，親しみやすい
うるさい	➡	元気が良い，活発，雰囲気を盛り上げる
おしゃべり	➡	社交的，明るい
落ち着きがない	➡	行動的，好奇心旺盛，作業が早い
頑固	➡	自分の意見を伝えられる，意志が強い
気が強い	➡	物怖じしない，自信に満ちている，リーダー性がある
気が弱い	➡	優しい，人の気持ちがわかる
口が軽い	➡	素直，正直者
こだわりが強い	➡	自分を持っている，個性的
自分の仕事しかしない	➡	自分の仕事はきちんとやる
短気	➡	情熱的，本気で生活している
でしゃばり	➡	積極的，世話好き
八方美人	➡	コミュニケーション能力が高い，社交的
人見知り	➡	ひかえめ，協調性がある

人をからかう	➡	楽しいことが好き
本気を出さない	➡	いつもゆとりがある
マイペース	➡	こだわらない，安心感を与える
マニアック	➡	個性的
わがまま	➡	素直，自己主張ができる

❷行動の記録をつける際の心構え—○をつけたいところを生徒と共有する—

　例えば「行動の記録」に○が一つもついていない生徒がいるときに，担任として，その生徒に何か働きかけをしているでしょうか。「あいつ何もつけるところがないなぁ」などと職員室でぼやいている場合ではありません。「何もつけられない生徒は担任の指導不足である」と認識を改め，「責任感」をもって指導にあたりましょう。

学校生活の行動の様子			
項目	1学期	2学期	学年末
基本的な生活習慣			
健康・体力の向上			
自主・自律			
責任感			
創意工夫			
思いやり・協力			
生命尊重・自然愛護			
勤労奉仕			
公正・公平			
公共心・公徳心			

　まずはどの項目であれば○がつきそうか考えてみます。例えば，もう少し清掃当番やボランティア活動を頑張れば「勤労奉仕」に○がつきそうだという場合には，そのことを学期始めに当該生徒ときちんと共有しておきましょう。担任は育てる視点をはっきりもち，不十分な場合にはそこに働きかければよいのです。生徒にとっても学期を通して頑張るポイントがはっきりとしていてやりやすいはずです。

　こういった指導によって，周りから見てもそれとわかるようなレベルにまで個々の長所を伸ばし，増やしていく。そんなことができれば間違いなく生徒の人生にプラスとなることでしょう。

　ましてや3年生は入試があります。調査書に記載する「行動の記録」は多くの場合，3年時のものが使用されます。過去2年間この欄が無印だったとしても，この1年間はなんとかつけられるよう働きかけましょう。

　ここで書いたことはどこか予定調和的で違和感を感じることかもしれませんが，担任としてなるべく多くの○をつけてあげたい（つくような生徒に成長してほしい）ですし，生徒も保護者もなるべく多くの○が欲しいでしょうから，双方にとって幸せなことです。

さきがけ♥・アクセル★

※「行動の記録」の各項目を普段の生活で見ていく視点については本シリーズ1年生版で触れています。
※「行動の記録」と道徳の内容項目との関わりについては同2年生版で触れています。

> **ミニコラム** 通知表でしか伝えられないことは？
>
> 　必ず作成しなければならない指導要録とは異なり，通知表の作成は学校の任意であり，その内容や様式も校長の裁量ということになっています。
>
> 　もし通知表がなかったらどんな困ったことが起こりますか？　大学の成績通知書のように各教科の評定欄しかなかったらどうでしょうか？　そういったことを想像してみると，通知表作成の意義や，「所見」や「行動の記録」を通知表に載せることの意味が実感できるでしょう。
>
> 　通知表があるから，学期の終わりに教師は勿論，生徒も保護者もその学期を振り返り，自ずと次の目標を意識します。
>
> 　行動の記録があるから，教師はそれぞれの観点に基づいて個々の生徒が「十分に満足できる状況にある」かどうかを判断し，学習面以外での生徒の良さに気がつきます。生徒や保護者にとっても，学習面だけではなく，生活面も含めた総合的な評価を知ることができるのです。
>
> 　また，参観に来られない，通信を読まない保護者でも通知表は読むはずです。そのような保護者を考えたとき，所見に短所や改善を求めたい行動ばかり書かれていたら生徒にどんな影響を及ぼすでしょうか？
>
> 　長所が具体的なエピソードとともに書かれ，生徒が保護者に見せたくなる，保護者の生徒に向ける目があたたかくなる，そんな所見を目指したいものです。

🌱 1学期：長所発見，肯定的評価

　3年生は最高学年ということで，気持ちを新たに，少しの緊張感とともに4月を迎えていることでしょう。担任としては，最初の3日間で卒業式の際のゴールイメージをもたせ，そこに向かっていけるよう明確な目標をもたせることが学級経営上必要になってきます。持ち上がっていない場合でも各学校の共有ドライブ内などに残っている前年の3学期分の所見が読めるはずです。さらには前年度の担任の先生が同じ学校に残っている場合には，折に触れてコミュニケーションをとっておくことが生徒を多面的に理解していくためにも重要です。

　また，ほとんどの場合，運動部の生徒は2学期の前に引退を迎えるはずです。1学期は部活動での活躍について書ける最後のチャンスと捉え，顧問の先生とのコミュニケーションの中で練習での様子や試合での活躍など，多くの情報を仕入れておきましょう。もし時間があって直接中体連の試合を見に行くことができれば，よりリアルな文章を書くことができます。

さきがけ♥・アクセル★

🌱2学期：1学期からの成長点

　多くの学校で文化祭（学校祭）や合唱コンクールが行われる2学期。ほとんどの運動部の生徒が引退しているからこそ，行事にエネルギーを傾ける余裕が生まれ，だからこそより大きな成長の機会となります。行事を通してクラスや個人が成長する様子を前述のハッピーシートなどを活用してしっかりと記録し，所見に活かしましょう。　　　しんがり♡・アクセル★

🌱学年末：さらなる成長点

　いよいよ卒業です。一つの区切りとして自らの学級経営の集大成です。2学期からのさらなる成長に目を向け，卒業を祝いつつ（「卒業おめでとうございます」から始まる所見が多いでしょう），後の人生への期待を込め，社会人予備軍としての意識をもたせるような所見にしましょう。　　　しんがり♡・アクセル★

※所見については，インターネットで「所見　10箇条」と検索すると堀裕嗣先生の書かれた「通知表の所見欄―書き方十か条」について読むことができます。是非参考にしてください。

http://kotonoha1966.cocolog-nifty.com/blog/2015/02/post-16c9.html

『生徒の意欲を引き出す　中学生の通知表所見欄記入文例』小学館教育技術 MOOK，2006，pp.6〜10

3 ｜ 通知表の意義

　ラジオ局，TOKYO FM の朝の番組「クロノス」の中で「ありがとう，先生！」というコーナーがあるのを御存知でしょうか？　それを聴いていると，我々教師が発した言葉や書いた言葉が人生の礎となり，生徒の人生を何十年も支える拠り所となる，そんなことがあるのだということを実感できます。

　所見に，どうしても直してほしい欠点を書きたくなることもあるでしょうが，そんなものは普段の指導の中で生徒に直接言えばよいことで，わざわざ一生残る文章にしたためる必要はありません。中学校生活の最後に，人生の餞となるような言葉を贈りましょう。

　また，通知表は保護者や生徒のために発行しているものではありますが，教師自身の成長のためにもなっています。パターン化する所見文，抽象的で具体性に欠ける所見文，学期末に慌ててネタ探しをする……。これらはすべて自分の未熟さゆえです。いかにわかりやすい表現ができるか，生徒の努力を随時記録できていたか，生徒一人ひとりの未来の姿を描くことができているか，十分成長させることができたのか，生徒の意欲を引き出せているか……，様々な観点からの自己評価としても通知表は機能します。

　生徒の自己肯定感を上げ，生徒と保護者の関係を良好にし，教師自身も学級担任として成長していくことができる。一石三鳥の価値ある作業が通知表の作成だと心得ましょう。

（河内　大）

10

学校祭・文化祭（ステージ発表）

　学校祭・文化祭にとって「ステージ発表」は花形と言って良いでしょう。展示系・装飾系の発表よりも生徒たちも力が入りますし，何より全校生徒が確実に見ることになり，それだけ評価にさらされるという側面もあります。学級での発表であればリーダー生徒たちの活躍の場になりますし，学年の希望者でメンバーが構成される場合には，学年で目立っている生徒たち（やんちゃ系も含めて）の自己表現の場として機能することが多くなります。教師もこのあたりを見極めて，目的的に指導する必要が出てきます。

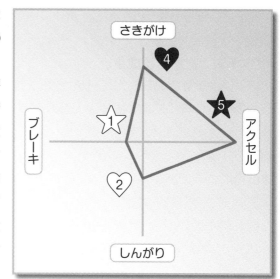

担任力チェックリスト

☐ パフォーマンス系の指導が好きか
　※自分自身が合唱コンクールを楽しめる，或いは学生時代に楽しんでいた記憶がある

☐ 学校祭・文化祭の指導の意義を意識しているか

☐ 生徒たちへのインストラクション（ステージ発表の意義）を得意としているか

☐ 学級に明るい雰囲気をつくることを得意としているか

☐ 役割分担（役者と音響・照明・衣装・道具）の具体的な役割が描けているか

☐ 人前に出ることを不得意としている生徒たちの気持ちにシンパシーをもっているか

☐ 演出に対する最低限の方針をもっているか

☐ 舞台の構造（照明の位置，割幕の機能，音響の設備）について理解しているか

☐ 練習計画を具体的に描けているか

☐ トラブルをチャンスと考える心の余裕をもっているか

1 ステージ発表の目標

　ステージ発表は旅行的行事や合唱コンクールなどと同じように，みんなで役割分担しながら一つのものに取り組んで成果を上げることによって，特別活動の目標を達成するために存在します。しかし，旅行的行事や合唱コンクールと異なる大きな特徴は，「演出」の役割が非常に重いという点です。演出を教師が担うにしてもリーダー生徒が担うにしても，ステージ発表においては，教師がこの点を大きく意識しなければなりません。

2 ステージ発表の手立て

　私はステージ発表をつくるうえで，またその指導を行ううえで，教師が意識しなければならない観点が三つあると考えています。もちろんその他にもたくさんありますが，誰もが身につけるべきだろうと思われる技術が三つある，ということです。
　【演出構成】脚本に応じてどのように構成するか
　【場面転換】いかにスムーズに効果的に場面転換するか
　【練習計画】限られた日程でいかに実りある練習をするか

演出構成

　最初にはっきり言っておきますが，「演出」は素人には難しいものです。技術を覚えれば簡単にできるというものではありません。しかし，脚本の構成をしっかりとおさえ，その構成に基づいてアイディアを出していけば，全体として一貫性のある演出に向かっていくことは確かです。学校祭のステージ発表の多くにはこの一貫性がなく，その場その場の思いつきで演出する傾向があります。それが多くのステージ発表を雑然としたものにしています。ここでは，一貫性をもって演出するための三つの技術を紹介します。

❶脚本の構成をしっかりと把握する

　脚本には一般的な基本構成があります。いかなる脚本も主人公の成長物語であるという基本構造をもっています。もちろん例外はありますが，基本的に小・中学校の生徒が演じるような脚本については，そのすべてが主人公の成長物語であると言って過言ではありません。これを大きく意識する必要があります。
　脚本を「主人公の成長物語」であると規定すると，物語のなかに次のような基本構成が見えてきます。

| 当初の主人公　→　中心事件　→　当初の主人公＋α |

　つまり，脚本とは，当初問題を抱えている主人公が，脚本に描かれている中心事件を経験す

ることによって成長する，という過程を描いているのです。主人公が成長するということは何かを学ぶということです。その何かが「＋α」で示されています。その「プラスされた何か」がその脚本で描こうとしている主題になります。

　まず，脚本を読むにあたって必要なのは，このシンプルな基本構造を捉えることです。これを捉えないことには演出の方向性が決まりません。逆に言えば，これを捉えてしまえば，その「＋α」が目立つ方向に向かってすべてを演出をしていけば良い，ということになります。

　演出の最大の勘所は，当初の主人公と「＋α」を得た主人公とをどう描き分けるか，ということなのです。

さきがけ❤・アクセル★

❷中心事件の入り口と出口を意識しよう

　中心事件には入り口と出口があります。

　例えば，悩んでいる主人公のもとにトリックスター（主人公に学ばせ，成長させて去っていく人物）が現れる場合があります。この場合なら，トリックスターの出現が入り口であり，トリックスターが去っていくシーンが出口です。

　例えば，悩んでいる主人公が幻想世界に迷い込んでしまい，最後に現実世界に戻ってきたときに成長しているという物語があります。俗に「ファンタジー」と呼ばれる物語です。この場合なら，幻想世界に迷い込むシーンが入り口，幻想世界から戻ってくるシーンが出口ということになります。

　一般に，入り口と出口は「出逢い」と「別れ」であることが多いようです。その場合，中心事件への入り口は派手に，出口はしんみりとつくるのが原則です。また，入り口にしても出口にしても，上手・下手に下がったら中心事件の舞台だった……という構成は避け，あくまでも入り口と出口をステージの中心でしっかりと描くようにすることが大切です。そのためには後述のように割幕を効果的に使うことが必要となります。

さきがけ❤・アクセル★

❸幕開けを印象的につくろう

　何事も〈始まり〉は印象的につくることが必要です。スピーチでも講演でも漫才でもコントでも，いわゆる「つかみはOK！」という状態にもっていくことがとても大切ですが，ステージ発表にも同様のことが言えます。

　幕開けは①派手につくる，②笑いをとる，③感心させる，の三つくらいの中から何か一つにポイントを決めてつくると良いでしょう。派手につくるのであれば，大音量で音楽を流して複数の生徒たちに激しく踊らせるとか，いきなりダンボールでつくった壁を破壊しながら登場人物が現れるとか，拳銃の音（陸上競技大会のスタートに使うピストル）を鳴らすとか，いきなり「キャー」と悲鳴が後ろから聞こえて，見ると体育館の入り口から女性が逃げてきて，何人もの黒服の男たちが追いかけてくるとか……まあ，アイディアはいろいろあります。いずれにしても学校祭のステージ発表であればインパクト優先で考えるのが現実的です。

　笑いをとるのであれば，学校全体で有名な面白い生徒を登場させて，白々しいほどに大袈裟

な演技をさせてしまうのが常道です。また，テレビドラマのパロディで主人公を登場させる，というのもよく使う手です。感心させるのであれば，幕が開いた瞬間にステージがどのような「絵」に見えるか，ということを真剣に考えなければなりません。私の経験でいうと，幕が開くとダ・ヴィンチの「最後の晩餐」のシルエットに人が並んでいるとか，幕が開くと四段の人間ピラミッドか舞台中央にあるとか，幕が開くと同時に女性３人がバレエを踊っているとか，そうした演出を施したことがあります。

さきがけ♥・アクセル★

🌱場面転換

　学校祭のステージ発表を見ていると，やたらと暗転が多くてバタバタしているのをよく目にします。おそらくテレビドラマの影響でシーンをたくさんつくりたいという思いが働くからでしょう。また，途中で一度幕を閉めて，二幕の芝居にしてしまう例も散見されます。30分程度のステージに二幕あるなどということは，演劇を少しでもかじった者なら絶対にしないことなのですが，こうしたことが普通に行われてしまうのが学校祭です。

　ここでは，場面転換の技術を紹介します。

❶暗転には最低でも音楽を流そう

　学校祭のステージ発表ならば，上演時間は30分程度のはずです。長くても40分，中には20分程度という学校さえあります。この程度の上演時間の中に，暗転が５回も６回もあるというステージ発表をよく目にしますし，一度片付けたセットをまたもとに戻すという暗転を目にすることも少なくありません。しかし，暗転の多いステージ発表は見ている側には興ざめなのです。暗転というのは要するに舞台裏です。暗転が多いということはその舞台裏を何度も何度も見せられることを意味します。暗転は30分のステージ発表なら２度までと心得るのが良いでしょう。せいぜい３回です。暗転の回数をこの程度に抑えなければ，ステージ発表はどうしてもバタバタした印象になってしまいます。

　ステージ発表では，暗転をなんとか短くしようと生徒たちがステージ上を駆け回り，ドシンドシンと走る音が体育館中に響き渡るということが少なくありません。これも厳禁です。暗転中は物音を立てないように静かに歩く，決して走らない，しかも背筋を伸ばして整然と歩く，これを心がけましょう。できれば，少しだけブルーの灯りを残して，見られているのだという意識をもって，演技の一つとして行うくらいが適切です。これを暗転ではなく場転，いわゆる場面転換といいます。場転の動きをシルエットで見せるなんていうのも，なかなか味があって格好良いものです。

　さて，暗転にしても場転にしても物を運ぶわけだから，どうしても音が出てしまうことが避けられません。まったくの無音で場転というのはどだい無理な話です。そこで，最低でも暗転・場転には音楽を流そうというわけです。暗転・場転の音楽には，ステージ発表の雰囲気に合った，どちらかというと軽快な音楽が適しています。劇の内容自体が死や重病といった重い

テーマを扱っているという場合なら別ですが，学校祭のステージ表なら軽快な音楽でというのが常道でしょう。もちろん，生徒たちに選ばせて構いません。　　　　　しんがり♡・アクセル★

❷ステージ横の小舞台でつなごう

基本的に私のつくるステージには暗転がありません。演劇部の大会で上演する芝居にも暗転を排すことを心がけています。暗転を排し，舞台横の花道の小演技でつなぐことにしているのです。つまり，花道で演技をしているうちに舞台上の場面転換をはかる，というわけです。

しかし，学校の体育館には花道がありません。そこで，私の場合，ステージの両側に小舞台をつくることにしています。技術科の木工室や金工室にある頑丈な机をステージの両側に二つずつ並べて花道の代わりにするのです。こうすれば，小舞台で演技をしているうちに，ステージ上を暗くして場面転換をはかるということができます。また，出演者の出入り口が複数ある場合には，体育館後方で役者に演技をさせ，観客の目線がそちらに向いているうちにステージ上の場転を終えてしまうという手もあります。　　　　　さきがけ❤・アクセル★

❸割幕を効果的に使おう

図1を見ていただきたい。●は人を，細い矢印は割幕を，太い矢印は人の動きを表しています。ステージ前方にいる4人がこれまで演技していた生徒たち，後方にいるのがこれから演技を始める生徒たちだとします。割幕をゆっくりと開け

図1

ながら，これまで演じていた4人は上手下手に別れて去っていく。と同時に，開いていく割幕の裏にはこれから演技する生徒たちが現れるという仕掛けです。場面転換はこのように割幕を使った転換を基本とすると良いでしょう。　　　　　さきがけ❤・アクセル★

🌱練習計画

練習をしていくうえで最も大切なことは，ステージ発表に取り組んでいる生徒たち全員の間で，できるだけ早く全体像を共有化することです。人は全体像が見えないとやる気が起きません。いま自分がしていることが全体の中でどこに位置づけられるのかがわからないと，自分がしていることが何のためにしているのかわからないからです。つまり，目的がわからない状態では人間はなかなかやる気にはなれないのです。そこで，不完全であろうと，何はともあれ最後まで立ち稽古をやってしまうとか，脚本を読み合って各場面をどのようにつくっていくかというミーティングを頻繁に行うとか，そうしたことが必要になります。

ここでは，練習を行うにあたって意識しなければならないことを四つ紹介します。

❶配役決めはモチベーションの高さを優先しよう

皆さんは配役を決めるときに，どのような方法をとるでしょうか。立候補を募ったうえでの多数決でしょうか。それともオーディションでしょうか。自分が主役級は指名するなんていう先生もいらっしゃるかもしれません。どれも場合に応じて，あり得る方法と言えます。

ステージ発表で配役を決める「方法」はともかくとして，私は配役決めは演技の上手さよりも生徒の「モチベーション」を優先すべきだと考えています。モチベーションの高い生徒は教師の不安もよそに「大化け」することがあります。私はそういう生徒を何十人と見てきました。

`しんがり♡・アクセル★`

❷最初→最後→真ん中の順に練習しよう

演劇の練習は一般的に時間切れになりやすい傾向があります。最初の方を一生懸命に練習している間にどんどんと時間が過ぎてしまい，最後の方はほとんど練習しないままに本番を迎えてしまう。その結果，終末近くあたりはやっと台詞が入ったばかりというのが見え見え……なんていうことも少なくありません。確かにまずオープニング場面から練習を開始するのですが，ある程度形になったら次はクロージングに近い場面の練習を行うことをお勧めします。例えば三場構成の脚本ならば，第一場→第三場→第二場の順で練習していくわけです。

`さきがけ♥・アクセル★`

❸隙間時間をつくらない練習計画を立てよう

私は練習日程を立てるにあたって，何を措いても隙間時間をつくらないということを優先します。演劇の練習には，どうしても出番の多い生徒と少ない生徒がいます。主役級は練習時間が長くならざるを得ません。そのため脇役や端役はただ見ているだけという時間が長くなります。この時間に何をさせるかを徹底して考えます。大道具・小道具を作らせるでも良いですし，場合によっては帰宅させるでも良いでしょう。だれるくらいなら帰宅させた方が良いのです。みんなでつくるんだという意識も大切ですが，その理屈で練習を見させるにはあまりにも時間が長すぎるのです。

`さきがけ♥・アクセル★`

❹最低でも３回は本番通りにリハーサルをしよう

リハーサルで留意しなければならないのは，音響係・照明係・幕の開け閉め係と役者の動きとのタイミングを繰り返し繰り返し練習することです。これがうまくいかないと，観客はだれてしまいます。特に体育館リハーサルが当たっているときには，このタイミングの練習に多くの時間を割いても構わないというほどに重要です。

実は役者の演技というのはお互いの距離感覚さえ合っていれば，体育館じゃなくてもできるのです。しかし，音響や照明，幕の開け閉め係はそうはいきません。体育館が割り当たっての練習でないと機材自体がないのです。体育館リハーサルの優先順位は役者よりも裏方にあり。ステージリハーサルの重要なテーゼです。

`さきがけ♥・アクセル★`

3 ステージ発表指導の意義

ステージ発表をつくるのは難しいものです。全校生徒が一斉に観賞する場合が多いのも特徴です。自己満足に陥らない，それでいて質を担保する，そうした意識が必要です。(堀　裕嗣)

11 合唱コンクール

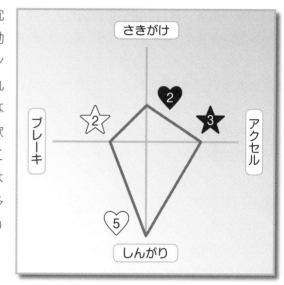

　3年生はすべての行事に「最後の」という枕詞がつくものです。最後の学校祭，最後の運動会，最後の合唱コンクール……。特に合唱コンクールは秋に行われることが多く，学級が一丸となって取り組む行事としては「集大成」的な意味をもちます。3年生の合唱コンクールで歌った合唱曲が，生徒たちにとって生涯忘れることのない合唱曲になることさえ決して少なくはありません。実は3年生の合唱コンクールは多くの生徒たちにとって，生涯最後の合唱づくりになるのです。

✓ 担任力チェックリスト

- ☐ 合唱コンクールという行事が好きか
  ※自分自身が合唱コンクールを楽しめる，或いは学生時代に楽しんでいた記憶がある
- ☐ 3年間の合唱コンクール指導について，系統性を意識しているか
- ☐ 生徒たちへのインストラクション（合唱コンクールの価値）を得意としているか
- ☐ 学級に明るい雰囲気をつくることを得意としているか
- ☐ リーダー生徒（指揮者・伴奏者・パートリーダー）の具体的な役割が描けているか
- ☐ 合唱を不得意としている生徒たちの気持ちにシンパシーをもっているか
- ☐ 楽譜を読んだり，指揮をしたりといった専門能力をもっているか
- ☐ CDを焼いたり，動画を撮影したり，動画を編集したりといった技術に自信があるか
- ☐ 生徒と一緒に歌うことを楽しめるか
- ☐ トラブルをチャンスと考える心の余裕をもっているか
- ☐ 音楽教師や同僚教師と良好な人間関係を築けているか
- ☐ 学級で一つの目標に向かって取り組む最後の経験になる可能性が視野に入っているか

1　合唱コンクールの目標

　言うまでもないことですが，生徒たちにとっては最後の合唱コンクールです。合唱コンクールが秋に行われることを考えれば，学級で一丸となって取り組む最後の行事でもあります。それだけに，生徒たちは意欲的に取り組みます。リーダー生徒たちを中心に合唱曲をしっかりと解釈し，学級独自の曲想，芸術性を創り上げたいものです。その意味で，学級担任が前面に出るのではなく，生徒たちにほぼ任せてみるというのが理想です。

2　合唱コンクール指導の手立て

❶「コンクール」であることを意識する

　合唱コンクールには二つの側面があります。一つは「特別活動」の目標を達成するための行事の一つであるという側面であり，もう一つは学級対抗の「コンクール」であるという側面です。学級担任の中には「合唱コンクールは結果じゃない。過程が大切なんだ」という声をよく聞きますが，それはあくまでも「結果論」として言うべきことです。つまり，最優秀賞を獲ろうと一所懸命に頑張った結果として，たとえ獲れなかったとしてもその過程には充分価値があった……という考え方をするものであって，最初から「結果は二の次，過程が大切」と言って良いものではありません。コンクールはコンクールである以上，学級対抗で各学級が切磋琢磨することがその目的として大きく位置づけられているのです。

　もしも本気で「結果は二の次，過程が大切」というのであれば，合唱コンクールの提案がなされた職員会議において，コンクール形式をやめて交流会形式にしようと主張すべきなのです。それをせず，「結果よりも過程」と言うのは，学級担任の「逃げ」です。特に３年生においては最優秀賞を目指して，学級一丸となって取り組むということを目標に掲げてこの行事に取り組むべきです。学級担任も「最後の合唱コンクールだから，最優秀賞を目指して頑張ろう」と語りかけるべきでしょう。決して「消化試合」のような行事運営をしてはいけません。

> さきがけ❤・アクセル★

❷歌詞の世界を理解する

　合唱曲には歌詞があります。一部，ハミングやスキャットがあるにしても，基本的には歌詞がついているはずです。意外と指導しない担任が多いのですが，合唱指導において歌詞をよく読み込むことはかなり重要なことです。なぜこの部分を強く歌うのか，なぜここはテンポが遅くなるのか，そういったことは歌詞の内容と密接に絡み合っているからです。

　生徒たちにも歌詞の内容をよく理解させ，その情景や心情をイメージしながら歌わせると，合唱が豊かになっていきます。考えてもみてください。「ここはクレシェンドだからだんだん大きくしなくちゃ」という意識で歌うのと，「ここは川の流れが海へと合流するところだから

壮大に歌わなきゃ」という意識で歌うのとでは，生徒たちの歌が同じになるはずがないではありませんか。歌詞は絶対にみんなで解釈し合うべきなのです。

　こう考えてきますと，合唱コンクールの曲というのは，その学年の発達段階に合った歌詞というのがあることが見えてきます。一般的に合唱曲のテーマをごくごくシンプルに，１年生が「希望」，２年生が「迷い」，３年生が「畏敬」ととらえておけば良いと思います。

　例えば，１年生でよく歌われる「Let's search for Tomorrow」という曲があります。

明日を探そう　この広い世界で

今こそその時　さあ　みんなで旅立とう

明日への　限りない期待ふくらませて

僕たちのすばらしい希望と夢を

Let's search for Tomorrow,

search for Tomorrow.

Let's search for Tomorrow.

この広い世界で　　　　　　　　　　　　　　　　　　　　　　　〈作詞：堀　　徹〉

　テーマは「希望」と「夢」。１年生にも実感レベルで理解することのできる，発達段階にふさわしい歌詞であることがわかると思います。しかも，そうしたポジティヴな表現のすべてに比喩や暗示がほとんど使われず，全編が直接的な表現で構成されています。こうした歌詞が，少なくとも最大公約数的には，１年生にふさわしい内容だと言えるでしょう。

　一方，次の歌詞を読んでみましょう。「時の旅人」です。

めぐる風　めぐる想いにのって

なつかしいあの日に　会いにゆこう

ぼくらは時の旅人

忘れかけていた日々

すべてのものが友達だった頃

汗をぬぐってあるいた道

野原で見つけた小さな花

幼い日の手のぬくもりが　帰ってくる

やさしい雨にうたれ

緑がよみがえるように

涙のあとには　いつも君がそばにいて

生きる喜びおしえてくれた　　　　　　　　　　　　　　　〈作詞：深田じゅんこ〉

　この曲は「Let's search for Tomorrow」に比べて比喩や暗示が多用され，表現が間接的

になっています。過去を振り返る心象に「迷い」が感じられつつも，最終的にはポジティヴな心象に向かっていく，そういう歌詞です。「時の旅人」は１年生でも２年生でも歌われることがありますが，私はこの曲をその歌詞の内容から見て２年生向きだと考えています。

次に３年生のテーマ「畏敬」です。

札幌市では，私が中学生だった30年以上前から卒業式の全校合唱の定番ソングが「大地讃頌」でした。どういう経緯でそうなったのかは私にはわかりません。しかし，少なくともこの曲の歌詞は，私は３年生が歌うのにふさわしい内容だと感じています。

母なる大地のふところに　われら人の子の喜びはある

大地を愛せよ

大地に生きる人の子ら

その立つ土に感謝せよ

平和な大地を　静かな大地を

大地をほめよ　たたえよ土を

恩寵のゆたかな大地

われら人の子の　大地をほめよ　たたえよ土を

母なる大地を　たたえよ　ほめよ

たたえよ　土を

母なる大地を　ああ

たたえよ大地を　ああ

〈作詞：大木　惇夫〉

この歌詞は言うまでもなく大地を賛美しているわけですが，もう少し広く「自然への畏敬」ととらえて良いでしょう。また，大地に対して「母なる」と修飾があることから見れば，全編が比喩表現であるととらえ，「自然に見守られながらの人間の営みへの畏敬」ととらえることもできます。いずれにせよ，こうした全編を通して間接的な表現が用いられている歌詞においては，学級全体で「ああでもない，こうでもない」と解釈を話し合い，生徒一人ひとりが独自の解釈をもったうえで歌うというのが理想の姿です。教師の解釈を全体に押しつけて一本化するのではなく，教師も解釈者の一人に過ぎないという姿勢をもつことも大切です。

しんがり♡・アクセル★

❸学級の実態に合った曲を選ぶ

学級には合唱を得意としている学級とそうでない学級とがあります。もちろん歌の得意不得意を基準にして学級編成をすることなどあり得ませんから，たまたま歌を得意としている生徒たちが集まった，たまたま歌を不得意としている生徒たちが集まった，ということでしかありません。

どんなに良い曲でも，あまりにも難しい曲は歌を不得意としている集団には向きませんし，

どんなに作りやすい曲でもあまりに簡単なのでは歌を得意としている学級では飽きられてしまいます。合唱に限らず，教育活動のすべてに言えることですが，生徒たちにとって最も学習効果が上がるのは〈適度な抵抗〉をもつことのできる取り組みです。この〈適度な抵抗〉を与え続けて生徒たちを少しずつ少しずつ成長させていく，集団として少しずつ少しずつ高めていく，それが学級担任の仕事なのです。

　冒頭にも述べたとおり，合唱コンクールは「コンクール」です。「コンクール」である以上は優勝するに越したことはありません。しかし，すべての学級の目標を優勝することに置くのは実は無理があります。

　もちろん，生徒たちにそれを言う必要はありません。学級担任としては，生徒たちには「頑張って優勝しようね」と言い続けます。しかし，担任の心づもりとしては，「今年は優勝を狙える学級だ」とか「今年は歌を不得意としている生徒たちが多いから，なんとか頑張って3位までに入賞することを目指そう」とか，そういう現実的な目と言いますか，冷静な目と言いますか，メタ認知的な視座をもっておくことは大切なことです。その目にしたがって，学級担任は，「今年は混声四部，転調の多い難しい曲を選ぼう」とか，「今年は三部だな。きっちり完成度を高くつくっていこう」とか，そういう心づもり，腹づもりをもっておくのです。

　合唱は最終的には表現のディテールにまでこだわって「完成度」を高めることが目標になります。混声四部の難しい曲を選んで完成しなかったということになるよりも，混声三部曲ではあるけれど，徹底的にディテールまでつくり込んで芸術性を高めたという方が，学級の取り組みとしては生徒たちの満足度も高くなります。

`さきがけ❤・アクセル★`

❹生徒たちの耳をつくる

　生徒たちの多くは自分が正しい音で声を出すことに精一杯で，他のパートの音を聞いていません。要はみんなが勝手に声を出しているわけです。皆さんも経験がないでしょうか。パート練習では音がとれているように見える生徒たちが，全パートを合わせた途端に音が狂ってしまったり，自信がなくて声が小さくなってしまったり……。こういうことは他のパートとハーモニーを奏でるという感覚をもつことによって解消できます。

　しかし，ハーモニーというものは他のパートと自分の音が和音を形成しているという感覚をもった者同士が合わせなければ成立しません。そこで，他のパートの音をよく聴き，それに自分の声を重ねていくという経験を積ませます。これを体感すると，生徒たちの合唱が一気に一つになっていきます。

`しんがり♡・アクセル★`

(1)　2パートで響かせてみる

　ある程度，パートごとに音がとれてきたら，2パートずつ合わせてみるということを行います。最初はソプラノとアルト，テナーとバス。次に，ソプラノとテナー，アルトとバス。最後にソプラノとバス，アルトとテナー。三部合唱の場合は男子を半分に分けて，ソプラノと合わせるグループ，アルトと合わせるグループで行った後，男子を入れ替えます。それぞれ10〜

15分ずつかけてじっくりと行います。

⑵　**重唱で響かせてみる**

　パートごとに合わせてみることに慣れてきたら，一人ずつで同じことをやってみます。特に男子生徒にはこの経験が必要です。つまり，テナーパートから一人，バスパートから一人出て，二人だけで二重唱をやってみるのです。男子生徒の多くは，自分の声が他の人の声とハーモニーを奏でるということを実感的に体験したことがありません。それが二重唱を経験すると，自分の声がもう一人の声と和音を形成していることの快感を実感的にとらえることができます。この経験は全体で合唱を合わせるときにも大きな経験となります。

⑶　**バリエーションを開発する**

　2パート練習，二重唱を経験させたら，2パート練習の様々なバリエーションにチャレンジします。例えば，2パートが背中合わせに並んで同じようにハーモニーを奏でてみます。顔が見えなくなるだけで，生徒たちは不安感を抱きますが，その不安感はやってみるとすぐに払拭されます。教室の対角線上の角にそれぞれのパートが集まってハーモニーを奏でてみる，ということも行います。廊下の端と端とで行うこともありますが，これは他のクラスの練習が邪魔になってなかなかうまくいきません。何かの都合で他の学級が廊下にいないときにはとても良い方法です。

❺**曲想をつける**

　実は，曲想に関してはこれといった決まりはありません。また，どの合唱曲にも通ずる普遍的な曲想のつけ方があるわけでもありません。音楽の先生でも人によって曲想のつけ方について180度異なること，つまり矛盾したことを言うことさえ少なくありません。

　曲想をつけるという段階になると，生徒たちも自分たちがかなりうまくなっていることを実感し始めています。しかし，ここで大切なのは「完成度に完成なし」「上には上があってここで完成というものはない」ということです。これは生徒たちにとって，人間的な成長のうえでも重要な体験となります。生徒たちと話し合いながら完成度を高めていく日々を過ごすと，生徒たちばかりでなく，実は教師たる私たちにとっても，おおいに勉強になることが多い……そういう実感を私自身が抱いています。

しんがり♡・アクセル★

3　合唱コンクール指導の意義

　合唱には「これで充分」「これで完成」というラインはありません。合唱コンクール当日が来て，そこで「本番」ということになるだけです。3年生の合唱コンクールではこれをよく意識し，少しでも上を，少しでも完成度を高くと，「完成のないサイクル」というものが世の中にはあるのだということを学ぶ機会となるのです。

（堀　　裕嗣）

卒業式

　卒業式は，学校行事の中で最も大きな行事の一つです。これは，人生に一度しかない9年間の義務教育を終える節目の日だからです。そのため，卒業式は，涙とともに感動にあふれた式にしたいと教師も卒業生も思っています。また，保護者も，卒業式に対しては特別な思いを抱いています。卒業式が涙と感動に包み込まれるためには，卒業式に参加する心構えを指導することです。そのために，生徒が卒業式に臨む意識を高めさせるような取り組みを行うことが重要です。そして，卒業式では，「感謝の気持ち」と「これからの希望」をもって，中学校や担任の先生から旅立つことがねらいとなります。

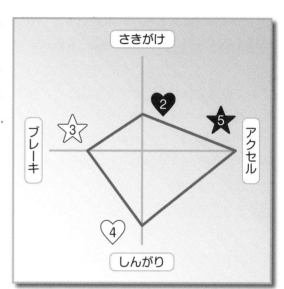

✓ 担任力チェックリスト

- ☐ 卒業証書授与式のねらいを伝えることができているか
- ☐ 卒業証書授与式後の学活で語る内容はあるか
- ☐ 感謝の気持ちをもたせるように，日頃から指導しているか
- ☐ 教師が，いつでも感謝の気持ちを生徒に伝えているか
- ☐ 掲示物を作成することが好きか
- ☐ 1年間の見通しをもてているか
- ☐ 日常の学校生活や学校行事などを写真等で管理しているか
- ☐ スライドショーやVTRなどを作成することができるか
- ☐ 卒業生たちが卒業前にできることを考えさせているか

1 卒業式の目標

最後の学校行事である卒業式は，感動と感謝でつくり上げていくことです。まず卒業式に向けて，日頃の学校生活の積み重ねがあって，そして卒業式を迎えられるようきちんと指導しておくことです。これが，卒業式までの残り少ない時間を大切に過ごそうという姿勢につながるからです。何より１日１日を一生懸命に，名残惜しむように過ごしている姿や，総練習や最後の１日まで全力で取り組む姿があってこそ，卒業式当日に感動が生まれるものです。

また，今まで育ててくれた保護者，お世話になった方々に感謝の気持ちを伝えることです。「ありがとうございます」という感謝の心があってこそ，卒業式に感動が伝わっていきます。

卒業式前には「感謝」する活動を入れ，卒業式当日は「感動」をつくり上げていきましょう。

2 卒業式に向けた手立て

🌱3学期：卒業式前

❶卒業式に向けて気持ちをつくる

(1) 卒業生の作文を読む

卒業式前に，「卒業」についてまず考える場面を設けます。これは，「卒業」という具体的な場面を想定させるためです。そのために，例えば，卒業生の作文などを紹介します。作文のテーマは，具体的なものがとても効果的です。「感謝」や「卒業」，「卒業式に思ったこと」や「部活動での思い出」など，そのときの気持ちが率直に書かれているものがよいです。そして，クラスで話し合わせながら，もうすぐ「卒業」することを疑似体験させるようにします。先に卒業した先輩方の当時の気持ちを知ることで，卒業式への気持ちがつくられていきます。

さきがけ♥・ブレーキ☆

(2) カウントダウンカレンダーの作成

卒業式に向け，３学期の始めから，カウントダウンカレンダーの制作を学級で行っていくと，卒業式までの１日を意識するようになります。さらに，クラスの仲間意識や連帯感が高まることもあります。１人が１日分のカレンダーを分担するように割り振り，卒業まであと〇〇日という項目とともに，学級の思い出がイラストで綴られるようにするなどの工夫があるとよいです。作成物を学級掲示し，クラスの仲間とともに過ごした思い出を，卒業式当日まで共有できます。

しんがり♡・アクセル★

(3) 学校生活を再度意識させる

中学校３年生の３学期は，自分の進路決定と向き合っています。言い換えれば，学級という「集団」よりも，自分一人という「個」で過ごしています。だからこそ，入試を終えたら，「個」の動きをしていた生徒に，卒業式前には学級の一員としての自覚をもう一度振り返らせ

第２章　必ず成功する学級経営　365日の学級システム　中学3年　87

ましょう。そのために，学校生活のルールやマナーなどの基本に戻り，もう一度確認させます。最後までよりよい学校生活を送ろうと意識させることにつなげるのです。生活態度や服装などがこれまでルーズだった生徒がいるような場合でも，卒業式に臨む姿勢や態度だけでなく，卒業後の生活へもつなげられる良い機会となることもあります。　　　　さきがけ♥・ブレーキ☆

❷感謝の気持ちを表す活動

(1) 小学校の先生方に向けて

　小学校の頃にお世話になった先生方へ感謝の気持ちを込めて手紙を書くこともできます。その手紙の内容として，自らの成長を喜んでもらえるものがよりよいです。例えば，「小学校で学んだこと」「中学校で頑張ったことベスト5」「今後の抱負と進路」などです。生徒の中には進路が未決定の場合もあるので，配慮も忘れないようにしましょう。　　さきがけ♥・ブレーキ☆

(2) 中学校の先生方（各教科の先生方）に向けて①

　今まで授業でお世話になった各教科の先生方へ，最後の授業の終わりに学級代表がお礼の手紙を読み，感謝の気持ちを表す活動もできます。手紙のほかにも，寄せ書きスタイルの色紙を贈ったり，全員でメッセージカードを作成したりすることもできます。どちらの場合でも，生徒が表現したり，言葉に出して伝えたりすることが大切です。　　しんがり♡・アクセル★

(3) 中学校の先生方に向けて②

　学校行事の中にある「3年生を送る会」をうまく活用することもできます。「3年生を送る会」では，担任の先生方や3学年の先生方から，3年生に向けてビデオレター形式でメッセージを贈る企画があります。このメッセージを通して，3年生はお世話になった先生方へ感謝の気持ちを抱くことが多いようです。ここで，この感謝の気持ちを抱くことをうまく利用して，感謝を伝える活動として，「3年生の思い出スライド」等を企画するとよいでしょう。基本的には1,2年生で進めていきますが，せめて後半部分だけでも3年生自身が担当し，先生方や保護者への感謝を表したスライドを作成します。このような取り組みを通して，感謝の気持ちを伝えていく活動が下級生へと受け継がれていくこともあるのです。　　しんがり♡・アクセル★

(4) 在校生に向けて

　「3年生を送る会」では，1,2年生が，卒業を控えた3年生に対して，お世話になったお礼を込めて企画するものです。3年生からは，下級生へメッセージを贈ることで，企画してくれたことへの感謝の気持ちを表すことができます。中学校生活で得た様々な体験から，後輩へ伝える言葉や事柄を考えさせることで，卒業生としての自覚を促すこともできます。メッセージの内容は，在校生が有意義な学校生活を送ることができるようなアドバイスです。自分の思

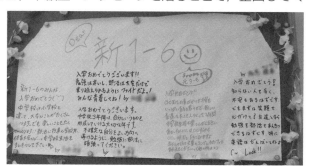

い出や経験から伝えられるようにすると，アドバイスの内容がより具体的になり，さらに内容も充実しやすくなります。そのために，一人ひとりが伝えたい内容，残したい内容を書かせたり，グループや班で話し合ったり，学級全体で決めていくなどの方法があります。後輩に伝えていく方法としては，直接伝えたり，掲示物を作成して残していくことなどが考えられます。但し，一人ひとりにメッセージを渡す場合には，メッセージをもらえない下級生がいないように，誰が誰に書くのかを忘れずに決めておきましょう。　　　　しんがり♡・アクセル★

(5) 学校（校舎）に向けて

　卒業式前に大掃除に取り組む学校が多いようです。これにより卒業式前に学校全体をきれいにすることで，校舎や教室に愛着がわいたり，卒業してもこの中学校での思い出を大切にしていこうという気持ちになるようです。さらに，3年間過ごしたそれぞれの場所から離れたくないという名残惜しさを感じる生徒もいるようです。中には望郷のような気持ちを経験する生徒も出てきます。　　　　しんがり♡・アクセル★

(6) 保護者に向けて

　保護者へ感謝を表す取り組みの一つとして，保護者への感謝の気持ちを込めた手紙を書かせます。入試が終わった卒業式前の時期は，素直になっている生徒が多く見られます。そのような気持ちの中だと，今までの自分を冷静に，そして素直に振り返るようです。また，わがままな自分を受け入れてくれたこと，今まで育ててくれたこと，支えてくれたこと，相談にのってくれたこと，部活動をさせてくれたことなどを感謝の気持ちに代えて伝えます。特に，親に反発していた時期があり，そのときの本当の思いを伝える内容だと，親としては感動そのものです。

　一方で，保護者から生徒へも同様に手紙に書いてもらうようにお願いします。その内容は，今までを振り返ってもらい，これからどんな人になってほしいのかという内容にします。保護者には，学級懇談会の際にお願いする場面をつくっておくとよいです。

　さらに，生徒が書いた手紙は，卒業式の受付の際にしおりとともに渡すようにしておきます。また，保護者の書いた手紙は，卒業式の開始前に教室で生徒に渡します。生徒は保護者への想いを受け取り，保護者は「ここまで育ててくれて本当にありがとう」などと書かれた子どもの手紙に感動しながら，卒業式に参加することができます。　　　　しんがり♡・アクセル★

🌱卒業式当日

❶朝学活の前

　卒業式当日の朝に，この1年間をさっと振り返る場面があると，朝の過ごし方から気持ちを卒業式に向かわせることができます。卒業式当日にも朝読書を行うこともありますが，私は今までの「学級通信」と「学級日誌」をコピーし生徒一人ひとりのためにファイルしたものを机上に置いておきます。朝，生徒が登校したときに，学級通信に書かれている「道徳の時間」の

感想や，学校祭や修学旅行，体育大会などの学校行事の感想に目を通します。感想を読み直したり，友達とこんなことがあったと振り返っていきます。また学級で撮った写真が掲載されていると，笑顔で見ているものです。また，学級日誌の中に1日1日の感想があると，これまでの日々を振り返りながら，感慨深げに読むことができます。

さきがけ♥・ブレーキ☆

❷朝の学活

卒業式当日の朝の学活では，卒業式ですから，もちろん本日の流れを説明します。しかし，この日の朝に伝えるべきことは，事前に伝わっていることがほとんどです。ですから，その時間を有効に使いたいものです。私は，写真カードを作成し，それをラミネートしたものを渡します。朝の学活で，卒業式に向けた一人ひとりに言葉を添えたカードです。

また，卒業式に対する生徒の思いを載せます。これは，卒業式前の学活の時間に，「卒業」に対する思いを書かせます。文章で書いたり，詩にしたりして書きます。それをクラスみんなで共有して，最後はクラス投票でどれか一つ選びます。それをカードに載せることにしています。どれが選ばれたのかは，卒業式当日，つまり朝の学活のときにわかる，ちょっとしたサプライズ的なものにしています。

さきがけ♥・ブレーキ☆

❸最後の学級活動

最後の学級活動は，生徒同士の別れ，担任との別れ，そして中学校という学舎からの別れを意味します。その別れを単に寂しさだけではなく，感動や希望を伴う別れにすることが大切です。そのために，「今まで思い出」や「これからの抱負」，「卒業後の自分」と題して，クラス全員の前で語ります。ほかにも，蓄積してきた写真などを使って，「3年〇組の歩み」をムービーメーカーなどで作成したものを観せて，担任の先生が，どんなことでもクラスで取り組んできたことがいかに素晴らしいことかを語り，卒業生を送り出すこともできます。

また，保護者に参加してもらうこともあります。保護者に登場してもらい，ここまで成長した喜びや，義務教育が終わり，卒業式を終えた気持ちなどを話してもらいます。難しければ，手紙などを前もってお願いしておき，代読することでもできます。自分の子どもが卒業した親の気持ちを知ることも，最後の学活をさらに感動的なものにしていきます。

この最後の学活を，生徒たち自らの手で開かせれば，その学活はまさに有終の美となります。私が以前に持った３年生のクラスでは，学級総務係の生徒たちが中心になって，最後の学活の終わり15分間を自分たちだけで企画・運営しました。担任と保護者を前にして，「３年間の感謝の気持ち」と「これからの希望」を合唱を通して表現する姿を見ることができました。中学校最後の授業，学活という時間で，生徒たちが自ら企画し，自ら行動している姿は，まさに義務教育から巣立つのだと思えた瞬間でした。

しんがり♡・アクセル★

3 卒業式の意義

卒業式とは，中学校最後の学校行事です。だからこそ，中学校３年間を振り返ったとき，涙とともに感動にあふれている式であることが望ましいです。そのためには，まず「今の自分があるのは，みんなのおかげである」という感謝の気持ちを育ませる様々な取り組みをすることが重要です。それが，生徒にとって，お世話になった方々への気持ちに応えたいと思う気持ちにつながっていきます。そして，自らの生活を改めて振り返ったとき，中学校最後の１日まで全力で取り組む姿を見てもらうことが，感謝の意を表せる第一歩であるということを普段からきちんと指導していくことです。卒業式を通じて，３年生のその立派な態度や姿を見た下級生が感動を覚え，在校生にきっと受け継がれます。すると，感動と感謝であふれた卒業式が，その学校の伝統になっていくはずです。

（北原　英法）

進路懇談会

中学校において保護者対応の総決算と言っても言い過ぎではないのが，進路をテーマとした個人懇談会でしょう。いわゆる三者懇談とも言われるもので，生徒の進路を決定するうえで避けて通ることのできない重要な懇談となります。

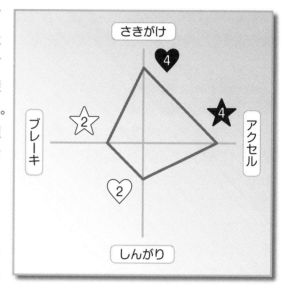

学級懇談会は学級の目標と現状，成果や課題といったロードマップ（全体把握）的発想で臨むのに対して，個人懇談会は生徒個々の実態に寄り添ってゴールへの道筋を確認するナビゲーション（個別診断）的発想で臨む必要があるでしょう。このとき，生徒の現在地を GPS で捉えきれないような担任であれば，進路の水先案内も心許ないものとなります。

保護者との信頼関係の成立なくして生徒との信頼関係は構築できないのが基本です。

✓ 担任力チェックリスト

☐ 清潔感や笑顔，姿勢の良さなどが自然とにじみ出ているか

☐ 威圧ではなく威厳を感じさせるような説得力のもと，誠実な話し方ができるか

☐ 保護者が共感し，納得し，信頼してくれるような謙虚な話しぶりができるか

☐ 保護者が気軽に相談できるしくみや雰囲気をつくり，丁寧に対応できるか

☐ 保護者の心情に寄り添いながら，温かい指導や励ましを与えられる存在になれるか

☐ 求められれば，子育てや家庭教育の在り方にまで突っ込んで助言できるか

☐ 保護者の考えや生徒の思いに寄り添いながら進路指導ができるか

☐ 進路に関する情報を客観的かつ総括的に分析できているか

☐ 保護者や生徒が要望する進路情報を用意できるか

☐ 高校進学後はもちろん，その先の進路選択も見通した進路指導ができるか

1 進路懇談会の目標

　学期末に行われる個人懇談会と同じく進路懇談会においても，生徒・保護者・学担の三者でいきなり懇談を始めるのではなく，保護者と学担の二者から始めます。そして，後半になって生徒を交えて三者で懇談を行います。生徒の進路を話し合う大切な懇談会ですから，まずは保護者と学担が慎重に話し合って最善の結論へと導きたいものです。

2 進路懇談会の手立て

❶進路決定に対する不安を取り除く

　進路懇談のポイントの一つ目は，保護者の進路決定に対する不安を取り除くことです。これは対象生徒が長子や一人っ子であるか否かで対応の仕方が異なります。長子の場合，その保護者は神経質になりがちです。保護者にとっては初めての進路選択の経験となるわけですから当然でしょう。ましてや一人っ子の場合，保護者は意識の上では自ずと力が入ることとなります。したがって，学担は生徒の家族関係を事前に把握しておくことが求められます。

　このケースの場合，保護者に対して，学担はより丁寧な説明を心がけなければなりません。保護者の側もそれを望んでいるはずです。「担任の先生はとても親身に相談に乗ってくれる」という第一印象こそが保護者の安心感につながり，生徒からの信頼感へと結びつくわけです。この初期段階においてボタンを掛け違ってしまっては，保護者・生徒と学担の信頼関係は，その後成り立たなくなってしまう恐れがあると心得ましょう。

　具体的には，保護者と生徒それぞれの進路希望を適切に把握することから始まります。ほとんどが全日制の高校進学を考えていることでしょうが，稀に定時制や通信制を考えているケースも見られたり，ごくごく稀に就職を希望するケースが見られたりする場合もあります。要は，将来を見据えたうえでの慎重な確認が求められます。必要に応じて，我が子に対する親の思いを探ることも必要でしょう。若い教師には難しいかもしれませんが，「よろしければ，〇〇さんに対するお母さんの思いを聞かせていただけませんか」などと，謙虚にお願いすることから始めてみてはどうでしょう。ただし，個人情報には十分留意し，「無理なら結構です。ただ，私が把握しているお子さんの思いとはズレがあるようでしたので……」と，その意図を適切に伝えましょう。間違っても，保護者に不信感だけは与えてはなりません。

　次に，高校入試のしくみを丁寧に説明します。私が勤務する札幌市の場合は，公立高１校と私立高２校を受験する生徒が一般的です。それぞれの地域の実状に合わせて，進路担当から情報を集めると同時に，自ら主体的に調べていくことが若い教師には求められます。卒業生などに高校の様子を尋ねるのも一案です。また，受け持ちの生徒が希望している高校を，夏休みに自ら足を運んで実地調査（フィールドワーク）してみるのも一つの方法でしょう。自分の目や

耳，足で稼いだ情報は，決して裏切りません。保護者や生徒に対して自信をもって説明できるはずです。それがまた，学担への信頼感へとつながるはずです。　さきがけ♥・アクセル★

❷任せて安心という空気をつくる

　進路懇談のポイントの二つ目は，保護者の側に任せて安心という空気をつくる点です。3年生進級時に学級編成が行われる学校においては，1学期末に行われる個人懇談会で初めて顔を合わす保護者が多数存在するはずです。学担も保護者の姿勢が気になるかと思いますが，保護者の方も，我が子から話を聞いているだけの学担がいったいどんな先生なのかという点がより気になるところでしょう。まして，進路のことをどれだけ心を開いて相談できるのかといった心配や不安は，保護者側に多分にあるに違いありません。そうした心配や不安を払拭するためにも，保護者と学担が直に対面して，率直な思いを伝え合う場を設けた方がよいでしょう。

　2年時までは個人懇談会を嫌がる生徒が多く見られます。学担から厳しいことを言われるのではないかとか，学担から学校での実態（時として醜態）を告げられるのではないかとか，保護者から家での怠惰を愚痴られるのではないかとか，そうした恐怖感が主たる要因のようです。

　これが3年生になってからの個人懇談会においては，今後の進路，つまりは高校生活3年間に直結する大事な話し合いの場という性格上，保護者はもちろん，生徒の側も最初から懇談を嫌がるケースは少なくなります。これはかつてとは違い，「友達親子」のように親子関係が幼稚化しているという見方もできるかもしれません。逆に，「うちは子どもに任せていますから」と，ある種放任で突き放し，またある種自立を促しているという見方もできるかもしれません。いずれにせよそうした様々な可能性をも含めて，親の真意を探っておく必要があります。

　はじめに保護者と二者で話し合い，その後生徒を交えることで，保護者側には我が子の前で気負う必要性がなくなり，三者となっても気軽に学担と話し合える関係が築けることとなります。生徒の側も，学担と保護者が気軽に話し合っている関係を見れば抵抗する気力すら萎え，進路に関わる気になることをじっくりと相談できる可能性が増えることでしょう。

しんがり♡・アクセル★

❸家庭の実態を踏まえた個人情報に配慮する

　進路懇談のポイントの三つ目は，個人情報に配慮するなど家庭のプライバシーに寄り添う点です。母子・父子家庭はもちろん，親子や兄弟姉妹になんらかの家族的な問題を抱えていたり，失業や生活保護など経済的な問題を抱えていたり，DVやネグレクトといった教育的な問題を抱えていたりする家庭が少なからず見られます。中には給食費や学年費といった学校諸費が払えずに，未納の家庭も存在するわけです。

　そうした保護者が抱える問題を，生徒の前で直接話すことは憚られます。保護者と学担の二者の懇談においては，学担は第三者的な立場に立ち，保護者の思いを傾聴することはもちろん，具体的な解決策まで提案できる可能性が出てきます。学担としてはそこまで想定して，ありとあらゆる準備をしておかねばならない必要性も生じますが，生徒の背景を理解するには価値あ

る対応となるに違いありません。

　そして，それら様々な家庭の実態を踏まえたうえで，生徒・保護者の進路希望に耳を傾け，叶える役割が学担には求められます。最後は生徒本人の努力に委ねられるでしょうが，その努力への道筋を生徒個々の状況に合わせて提示していく必要があります。いわば，生徒の心に火をつけるのが学担の役割であり，そのためには生徒の成長に結びつく情報を可能な限り知っておく必要があります。

さきがけ❤・ブレーキ☆

❹教育相談を通してメタ認知させる

　学担が生徒の情報を知るために有効な手段は，生徒と学担の二者で行われる教育相談です。学担としては，この教育相談にて生徒の思いの丈を捉えることがすべての懇談の前提となるわけです。それを踏まえると，教育相談をするうえで最低限必要な観点を確認しておく必要があるでしょう。

> ①　生活・交友関係…起床から就寝までの１日の生活リズム，気の合うまたは気の合わない人との関係，幼なじみや小学校，部活，塾といったグループ構成，いじめの有無など
>
> ②　学習・進路関係…得意・不得意教科とその理由や対応の仕方，将来に向けての構想，進路志望に向けた取り組み，保護者の意見など
>
> ③　家庭・健康関係…家族・兄弟との関わり度合いや距離感，生活の中で家庭が占める比重，本人や家族の健康面の不安など

　上記の３点は一人の生徒を理解する取り組みにおいて欠かせない観点とも言えるでしょう。

　ここでは②の進路に関わる具体例について触れたいと思います。多くの学校では，３年時に進路希望調査を複数回実施することでしょう。終始一貫，志望校が変わらない生徒もいれば，毎回揺れ動く生徒も存在します。自分の将来を決める進路ですから，後者のように揺れ動く生徒の方が圧倒的に多いことでしょう。

　したがって，教育相談ではこの志望校に焦点を当てます。といっても，１学期段階においては進路のことを積極的に考えている生徒はまだ多くはありません。修学旅行や中体連に向けた部活動など，やりたいことややらねばならないことがたくさん待っているからです。しかし，１学期の終了とともに徐々に高校のことが気になってくるはずです。札幌市の場合，高校の学校説明会や体験入学・オープンスクールが夏休み後半から２学期前半に集中します。この段階こそが最も進路を中心とした教育相談にふさわしい時期です。ただし，札幌市の場合は９月末に学校祭という一大生徒会行事が待っていることから，なかなかこの時期に教育相談を実施することは不可能です。

　ですから，１学期段階においては志望理由のおおまかな把握と目指すべき具体的目標の確認，

第２章　必ず成功する学級経営　365日の学級システム　中学3年　95

２学期段階は志望校の決定と将来像の確認という見通しをもって教育相談を実施してみるのがふさわしいと考えます。具体的には，個人情報に配慮しながら，「ＡさんはＢさんとともに○○高校の学校説明会に参加したみたいだけど，ともに○○高校を目指すつもりなのかな？」といった質問を投げかけ，友達同士の信頼関係を探ったり，影響度を把握したりします。また，「Ｃ君は□□高校で何が一番やりたいの？」といった質問は，目指す高校の良いイメージしかもっていない生徒に向けて，ある種のメタ認知をさせる問いかけと捉えることができます。さらに，進路希望調査にはたいてい保護者の意見も書かれていることでしょうから，これも忘れずに教育相談で活かします。「ところで，お父さんとお母さんはＤ君の志望校に賛成しているの？」などという質問は，親の視点を考えさせることで必然的に客観的な立場に立った考え方へと機能させるわけです。ただ，中には口に出せないような家族の悩みを抱えているケースもあり得るので，そうした個人情報には十分な配慮が求められます。これは②だけにとどまらず，①・③においても同じことが言えます。そして，こうして聞き取った内容を，期末懇談会にて保護者に伝える際にも，個人情報を含むわけですから，より十分な配慮が求められることは当然のことと言えるでしょう。

しんがり♡・ブレーキ☆

❺休みがち・不登校・発達障害傾向への進路指導は慎重に進める

期末懇談会を実りあるものにするためには，最終的に生徒と保護者の進路希望にどれだけ寄り添えるかという点が重視されます。なぜなら，生徒にしてもその保護者にしても志望校合格こそが一番のゴールに違いないからです。

それは，最近増えつつある休みがちや不登校の生徒，発達障害傾向の生徒の進路指導においても同じことです。むしろ，とりたてて慎重な対応が要求されます。

一つ目に，休みがちな生徒への対応です。休む割合が減りつつあり改善傾向にある場合は，保護者を勇気づけ，励ますことを心がけなければなりません。保護者としては，高校進学後にいつまた休み始めるかもわからないという恐怖感を抱えています。生徒に自信をつけさせるとともに，保護者にも勇気と自信を与えられるように前向きな言葉がけを心がけます。また，これとは逆に休む割合が増え，高校生活に不安を抱える生徒や保護者に対してはより慎重な対応が求められます。生徒の思いに寄り添いながら新たな高校生活に期待させる一方で，そうした生徒にもふさわしい高校を探しておく必要があるでしょう。最終決定権は本人と保護者にありますが，その決定を支えるような情報は教師の側で調べておく必要があります。ただし，迷いを生じさせるような情報や曖昧な口調，断定調の決めつけなどは避けねばなりません。

二つ目は，完全不登校の生徒への対応です。小学校時代から不登校のケースもあれば，中学校に入学してから不登校のケースもあり，不登校の理由も状況も，二つとして同じものはありません。それを踏まえるならば，教師は完全個人対応で懇談に臨む必要があるでしょう。心機一転，高校入学後に不登校を解消できるかもしれませんが，完全不登校生徒の場合は極めてその割合は低いはずです。ただし，それでも保護者は希望をもち続けることでしょう。いつか必

ず，という思いをもち続けられるからこそ，親を続けられる要素もあるのではないでしょうか。そうした保護者の思いに寄り添いながらも，冷静かつ現実的な対応が学担には求められます。

　実際は，通信制もしくは定時制というのが教師が推奨できる志望校ではないでしょうか。私がこれまで受け持った不登校の生徒の多くも通信制もしくは定時制に進学しました。生徒と保護者が決断し，それに沿った手続きを進め，入学に至りました。ただ，その後卒業に至ったケースもあれば，中途退学で終わってしまったケースもありました。その度に，何もできない自分に腹が立ったり，落ち込んだり，それでも前を向いたりの繰り返しでした。おそらく答えは永遠に見つからない問題かもしれません。それが担任をもつ苦しみでもあります。

　三つ目に，発達障害傾向の生徒への対応です。これも休みがちな生徒同様に，改善傾向にあるか否かによって対応は異なります。多くは年齢に応じた適応力が身についた改善傾向にある生徒と捉えて問題ないでしょう。ただ，発達障害傾向の度合いにもよりますが，環境が変わることでプラス面よりマイナス面が目立ちやすくなる可能性があります。それを見越して，発達障害傾向に適切に対応してくれるような高校を探し，保護者に情報提供する必要もあります。中には，特別支援学校を希望する保護者もいるかもしれません。この場合，受験前に教育相談が必須となりますから，特別支援学級の担任や学びの支援コーディネーターなどに助言を求めたり，連携をとったりする必要があります。

さきがけ♥・ブレーキ☆

3 進路懇談会の意義

　進路懇談会を通して，生徒・保護者の願いにどれだけ寄り添って，どれだけ満足させられるかが担任にとっての最大の課題となります。そのために，日常的に生徒を幅広く観察したり，生徒と対話したりすることはもちろん，生徒を取り巻く環境を見据えた，将来に向けての情報収集が欠かせません。もちろん，保護者の思いを探れるとなおさらよいでしょう。

　進路指導が成功したかどうかは，実は教師には永遠にわからないことなのです。希望通りの高校に進学できたことで生徒は幸せになるかもしれないし，その反対に希望とは違った高校に進学したことで幸せになる生徒もいるかもしれません。あるいは，せっかく入学しても，途中で挫折して中退してしまう生徒だっているかもしれません。高校時代はうまくいっても，高校卒業後に道を踏み外してしまう生徒だっている可能性もあります。

　最近，私はかつての教え子とよく酒を飲みます。その席で，「先生に懇談で言われたことを今でも覚えています」と言われることがあります。生徒の将来を形作るうえで，何らかの示唆を与えられる懇談となれば，そこには価値があったと捉えてもよいでしょう。しかし，一つ間違えば，懇談によって生徒の将来に傷をつけてしまうことにもなりかねません。そんな怖さを頭の片隅で意識しつつ，丁寧で慎重な対応が進路懇談会には求められるのです。

（山下　　幸）

学級通信

　学級通信は，学級担任の責任のもと発行するものです。あまり無責任なことは書けませんが，かといって堅苦しすぎても保護者や生徒が読んでくれません。

　苦手な先生もいるかもしれませんが，保護者との交流・連携が促進し，生徒の成長にもプラスの効果が生まれるものです。

　通信を書く目的をどこに置くのか，各先生によって千差万別かと思います。ここでは，主に保護者向けの学級通信を想定し，「すべての保護者を味方にする通信」とはどういったものか考えてみました。

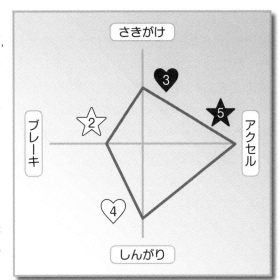

✓ 担任力チェックリスト

- ☐ 見出しやタイトルにこだわっているか
- ☐ 印象に残る写真を撮るように心がけているか
- ☐ マンガや図解を効果的に取り入れているか
- ☐ 学活や道徳の感想を通信で紹介しているか
- ☐ 会話のやりとりを載せているか
- ☐ 通信に自分以外の教師や学級の保護者が登場するか
- ☐ 生徒一人ひとりとクラスの成長が見えるか
- ☐ 学期始めにその学期の展望を書いているか
- ☐ 高校や大学生活，日本や地域の今後など「未来」について書いているか
- ☐ 他の通信の内容を紹介し，学校の活動全体を見えやすくしているか

1 | 学級通信の目標

近江商人の「三方良し」ではありませんが，学級通信も「生徒良し」「保護者良し」「教員良し」の三つの目標を達成できるとよいように思います。生徒と保護者が興味をもって読み，書いている担任自身の成長につながる，そんな通信を目指したいものです。

教員の仕事の中には「必ずやらなければいけないもの」と「できればやっておきたいもの」がありますが，「学級通信」は後者です。現に周りを見回したときに，ほとんど学級通信を書かない担任の先生もいるはずです。では学級通信を発行することの良さはどんなところにあるのでしょうか？　また，学級通信が発行されなかった場合にはどんな不都合が起きるのでしょうか？

私は，学級通信の究極の目標は，「すべての保護者を味方にする」ことだと考えています。保護者にとって，可愛い我が子を毎日長時間預けている「学校」という場所。どんなことを学んでいるのか，どんな友人が周りにいるのか，正しく我が子が成長していける場所なのか……。保護者は不安でいっぱいです。そんな保護者が学級の様子を知り，担任の考えを知っていくのが学級通信です。良い通信は，担任と保護者が考えを共有し，生徒をともに育てていく協力関係を促進するものになります。

忙しい最中に貴重な時間を使って作成するのですから，効果的な通信を発行したいものです。

2 | 学級通信作成の手立て

❶「読みやすさ」こそ第一

まずは読んでもらえないことには意味がありません。

授業参観では，「落ち着きに欠ける生徒，問題行動の多い生徒の保護者ほど来てくれない」という傾向があると思います。通信も「読んで我が子や学校にもっと興味をもって協力してほしい保護者ほど読んでくれない」と考えましょう。そんな保護者にも読んでもらえるような工夫をするのです。

働いて家事もこなす忙しい保護者，普段は読んでもマンガくらいで活字が大嫌いな保護者，LINE 等の SNS を使いこなし，短い文章でのコミュニケーションが常識になりつつある保護者，そんな方々を相手にしているという視点をもたなければなりません。

レイアウトについては本シリーズ2年生版に詳しく載っているので，ここでは読みやすくするための見出しやタイトル，内容について書いていきます。

しんがり♡・アクセル★

（1）見出しにこだわる

スポーツ新聞が参考になります！

「え！」と気になり思わず目を奪われてしまうスポーツ新聞の見出し。その過激さがときに世間の批判を浴びることもありますが，前頁のように文字のフォント，縁取り，その大きさは大いに参考にしてもよいのではないでしょうか。

また，ビジネス書のタイトルも参考になります。

「ん？」と気になり思わず手に取ってしまうビジネス書のタイトル。こんなところにも見出しづくりのヒントが転がっています。学級通信に使えそうなものを以下に書いてみました。

	実際のビジネス書のタイトル	学級通信のタイトル例
① 「なぜ〜」で始まるもの	「さおだけ屋はなぜ潰れないのか？」「なぜ，社長のベンツは4ドアなのか？」	「なぜ1組は体育大会で優勝できたのか」
② 二つを比較するもの	「仕事ができる人できない人」「話を聞かない男，地図が読めない女」	「集中ができる人できない人」「高校で伸びる人伸びない人」
③ 「短い時間アピール」のもの	「本当に頭がよくなる1分間勉強法」「たった1分で人生が変わる片づけの習慣」	「3分で読める1組的学校祭の見所」「たった5分でできるテスト前の見直し法」
④ 成果を出す方法を数字で示したもの	「誰とでも15分以上会話がとぎれない！話し方66のルール」	「夏休みを充実させる5つの原則」「スマホを持たせる際に決めてほしい3つのルール」
⑤ ○○力，○○術，○○戦略	「伝える力」「ポジショニング戦略」「ハーバード流交渉術」	「入試に勝つ戦略」「素晴らしい合唱にするための練習術」

さらに，①〜⑤を組み合わせることでタイトルづくりは広がります。

③＋⑤　→　「毎日30分で結果を出す勉強術」

①＋⑤　→　「なぜ○○君の周りには人が集まるのか〜○○君の人を笑顔にする力〜」

(2) **写真にこだわる**ー「印象的な写真＋短文」で始めようー

今の保護者は日常的にInstagram等のSNSを利用している人も多く，「印象的な写真＋短文」という構成に慣れています。だからこそ，通信もまずは印象的な1枚の写真を大きく載せることで見てもらうことができます。ちなみに私の場合は，通信タイトルのデザインも学級の生徒から募集し，「デザインコンテスト」をやって選ばれたものをスキャナーで取り込んで使っています。

(3) **文章をマンガや図解にする**

よく売れたビジネス書は後にマンガや図解になることがよくあります。私もたまに買いますが，それによって原著の理解がより深まったり，もう一度読みたくなったりする効果があります。

学級の様子を手描きのマンガで掲載している先生もいるようですが，誰にでもできることではありません。私の場合は図解をよく使っています。次ページにあるのは，修学旅行の取り組みの流れを紹介したものです。

❷「我が子」が見える

(1) 写真を均等に載せる or 写真を数多く載せる

　保護者が見たいのはまずは「我が子」。クラス全員が均等に載るようにとカウントする先生も多くいるようですが，私はそこまではしていません（それによって不満をもっている保護者の方もいるかもしれませんが，自分の性格上そこまでやると通信を書くのが嫌になってしまいそうなのです。それよりは様々な生徒が写っている通信を1号でも多く発行することで，頻度の違いこそあれすべての生徒が出てくるような通信を目指しています）。

　行事の際には，ほぼ写真だけの通信を出すこともあります。多くの写真を載せる際には1号の中になるべく全員が載っているよう写真選びに気を遣います。

(2) 学活や道徳の感想を載せる

　学活や道徳で感想を書かせた際に，その全員分を掲載することがよくあります。それによるメリットは以下の三つです。

　① 保護者が授業の中味を知ることができる。親子の会話のきっかけになる。
　② 授業内容を思い出し，周りの考えも知ることで生徒にとってより学びが深まる「振り返り」となる。
　③ 担任が入力をしながら，それぞれの生徒の考えを理解することができる。生徒理解と次の授業構想につながる。

というわけで入力は大変ですが，それに見合うだけの価値はあると考えています（ただし，載せられることを計算した感想しか書かなくなる危険性もありますので，お気をつけください）。

しんがり♡・アクセル★

❸「リアル」が見える―保護者が教室の情景をイメージできる―

　スマートフォンの性能が上がり，YouTube などで手軽に動画を楽しめる時代になりました。保護者が撮影した授業参観の動画を LINE で他の保護者に回したりすることがあるほどです。「リアル」なものが手軽に手に入り，人気を呼んでいる世の中です。

　保護者がイメージしやすいような上手な話し方を個々の生徒が身につけ，生徒の口を通じて教室の「リアル」が伝わっていればよいのでしょうが，中学生ではなかなかそうはいきません。

　そこで，教室の様子をまるで動画を見ているかのように実況中継的に伝える通信も効果的です。同じ職場に毎日「リアル」が見える通信を発行している先生がいるのですが，読んでいるとそのクラスの生徒たちの動きや表情がハッキリとイメージできます。多くの生徒と保護者が

楽しみに読んでいるようです。

⑴ 「縦糸」が見える

　生徒と担任の関係性も保護者としては当然気になるところです。ときには生徒との会話のやりとりを演劇の脚本のように書いてみるのも効果的です。ともに笑い合ったエピソードなどをそのまま載せるのもよいでしょう。

⑵ 「横糸」が見える

　生徒同士の楽しい会話をリアルに再現するのも効果的です。反抗期でろくにしゃべらない息子が教室では楽しくはしゃいでいる。家ではスマホに夢中の娘が授業中に生き生きと発言している。そんな情景が書かれていて喜ばない保護者はいないでしょう。

　3年生で卒業文集を出す取り組みを見かけますが，それを通信で行うことも可能です。タイトル部分だけ入れた用紙を渡し，出来上がった順に通信として掲載していくとよいです。生徒同士のあたたかみのあるメッセージが，良い思い出になります。　　　　しんがり♡・アクセル★

❹ 「教師」が見える―我が子を預けている人たちが身近になる―

　私にも小学生と中学生の息子がいますが，自分が教員ということで，お世話になっている先生方の多くを知っていることが安心感につながっています。しかし，PTA行事に出ない（出られない）保護者にとっては，大事な子どもを預けているにもかかわらず，担任以外は顔も名前もわからないということも起きてしまいます。まずは担任が積極的に自己開示し，身近に感じてもらう。そして学年団や教科担当の先生も通信に登場させられるとよりよいです。教師同士の親密さが見えることは保護者，生徒に良い効果を与えることでしょう。

しんがり♡・アクセル★

❺ 「他の保護者」が見える

　ときには担任と保護者の会話も載せてみましょう。特に複数小学校から集まっている中学校の場合は，他の小学校出身生徒の保護者をほとんど知らずにいる場合も多いので，通信の力も借りながら保護者の横のつながりが深まったら素敵なことです（何かトラブルが起きてしまった際にも保護者同士が顔見知りかどうかはその後の処理に大きな影響を与えます）。ただし，氏名を載せる場合は必ず許可を取りましょう。　　　　さきがけ♥・アクセル★

❻ 「成長」が見える

　2年生から3年生へは持ち上がることが多いかと思いますが，前年度と比較して成長を実感した部分を伝えることで，各生徒や学級全体に自信をもたせていきたいものです。Q－U等のアセスメントの結果などを利用すれば成長をデータで示すことも可能です。また，その成長を同じ状況におけるクラスの行動の変化で示すことも可能だと思います（例：昨年の合唱と今年の合唱の写真を比べたら口の開け方が全然違う，避難訓練の際の行動がより静かに素早くなっている）。クラスの成長をうわべだけの言葉ではなく，事実で示すのです（前年の通信の一部をスクリーンショットで引用したりすることも効果的です）。　　　しんがり♡・アクセル★

❼ 「未来」が見える

　生徒も保護者も日々の生活で精一杯（我々もそうかもしれませんが……）。だからこそ，担任がちょっと頑張って「未来」について書くことも大切です。学期のはじめにはその学期の展望を書くことで，見通しをもって過ごしてもらいましょう。そしてときには高校や大学生活について，はたまた日本や地域の未来について考え，書いていくことは，我々自身にも有意義なことになるはずです。

さきがけ♥・アクセル★

❽ 「他の通信」が見える

　教員の世界は分掌ごとに仕事をしているため，横の連携が図れていない場合もあります。特に４月の提出物ラッシュ。家庭環境調査，健康面の調査など各分掌から締め切りがバラバラ出ているものについて学級通信で一覧表があるとありがたいものです（本当は教務部が中心となり学校全体で取り組むとよいですが）。また，進路についての情報も大切です。進路担当者が学年にいて「進路通信」を発行することが多いかと思いますが，特に大切な連絡は用心に越したことはありません。直接伝え，進路通信で伝えてもらい，学級通信で駄目押しをするぐらいの気持ちで書いていきましょう。

しんがり♡・アクセル★

3 　学級通信の意義

　卒業へ向かって，中学校生活を締めくくっていく雰囲気を醸成していくことにも通信が役立っていくことでしょう。様々な情報を「見える化」することですべての保護者を味方にし，クラスのムードづくりをしていく。そんな強力な武器になり得るのが「学級通信」なのです。

ミニコラム 　三性を意識し，弱点を補う通信

　「父性」「母性」「子ども性」，担任はこの三つをサザエさんのようにバランス良く発揮できることが望ましいですが，なかなかそうはいかないものです。皆さんは自分自身が父性の強い「波平さん」，母性の強い「フネさん」，子ども性の強い「カツオ君」のうちどのタイプに近いかわかりますでしょうか？

　そこを把握したうえで，学級通信に「自分の弱点を補う」という機能をもたせることも可能です。私の知り合いに180cm以上の身長で，部活指導もバリバリの一見父性が強いタイプに見える先生がいます。しかし，その先生の通信は手描きマンガ。日々の生徒とのほのぼのとしたエピソードが素朴な絵とともに綴られ，読んでいて思わずニコニコしてしまうようなものです。きっと保護者の方も，その先生の見た目とのギャップに驚きつつ毎号楽しく読んでいることかと思います。

（河内　　大）

キャリア教育

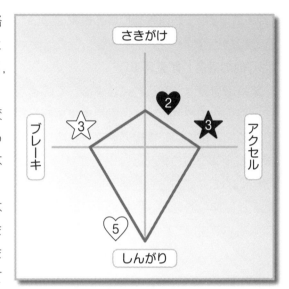

　3年生のキャリア教育は，言わずもがな進路選択に関わることがその多くを占めていることでしょう。保護者や生徒自身の興味関心が高く，自ずとそうなってしまうことは否めません。

　しかし，長い人生において考えた場合，高校選択が担う重要度は以前よりも低くなっていることを，少なくとも我々教師は押さえておかなくてはなりません。

　保護者や生徒のニーズに応えることも大事なことではありますが，それだけに終始してしまっては，教育は完全なサービス業と化してしまいます。15歳に与えられた選択肢は，決して高校進学だけではありません。実際はその多くが高校への進学を選択するにせよ，義務教育最後の1年に，社会に出ていくための資質や能力を育まなければなりません。

✓ 担任力チェックリスト

- ☐ 地域の方々や保護者と普段からつながりがあるか
- ☐ 電話でアポイントメントをとることが苦手ではないか
- ☐ 学校内での論理にとらわれず，社会での論理に従って物事を考えることができるか
- ☐ 可能性にとらわれず，生徒の夢を応援することができるか
- ☐ 他人との交渉事が得意か
- ☐ 現在の社会が抱える問題についての正しい知見をもっているか
- ☐ 夢見がちな生徒が現実に目を向けるような助言ができるか
- ☐ 地域の伝統や文化に興味があるか
- ☐ 教員以外の職種の人と日常的に交流があるか
- ☐ モデルケースに拘らないキャリアプランを構築できるか

1 キャリア教育の目標

　3年生における「キャリア教育」は大きく分けて，進路選択に関わるものとそうでないものがあります。そうでないものとは，進路選択に関わらず，広くキャリア教育に必要なこと全般を指しています。ですから，進路選択に関わるものというのは「キャリア教育」全体からすれば，ほんの一部ということになります。また，キャリア教育をワークキャリアとライフキャリアに分けて考えると，進路選択はそのワークキャリアの一部であるとも言えます。

　ワークキャリアがライフキャリアの一部を担っていることも考えると，進路選択が「キャリア教育」において極めて狭い領域であることは間違いありません。しかしながら，中学3年生にとって，受験という進路選択は本人やその家族には大きな挑戦であることもまた事実です。弱冠15歳の少年少女にとっては，非常に重要な問題です。いくら「キャリア教育」においてほんの一部分であったとしても，我々教師も蔑ろにすることなどできるはずもありません。

　しかし，進路選択ばかりに目が向いて，ともすると，「良い高校に行き，良い大学に入り，良い会社に就職する」といったような，一昔前のモデルケースを生徒に与えるような進路指導は避けるべきです。我々教師は公務員という身分であるがゆえに，社会の流れに疎い部分があります。現在，企業の雇用形態はどのように変化しているのか，キャリアアップはどのようにして行われているのか，などということに日頃から敏感である必要があります。そういった視座をもったうえで，生徒に必要な能力や考え方を養っていくことが目的と言えます。

2 キャリア教育を指導するための手立て

🌱進路選択に関わるもの
●進路指導

　どの高校に進学するべきかといった指導については，地域によって状況が異なるのでここでは言及しません。高校選択に関することは，その地域によって様々です。例えば，私が勤務している札幌市では，公立志向が依然として強い傾向があります。最近は私立高校も公立高校に追いついてきてはいますが，札幌市で最も学力が高い学校は公立高校です。ですから第一志望は公立高校，滑り止めに私立高校というのが一般的です。しかし，全国的には私立高校が地域のトップ校であることが多いのではないでしょうか。また，受験の方法やシステムも地域によって違いがあるでしょう。

　もしも，教員経験の浅い先生が3年生の担任になったとしても，そこまで心配する必要はありません。進路業務は学校業務の中でも細心の注意を払って行われるものです。受験指導についても進路担当教員を中心に，その方法は統一されているはずです。担任が責任をもって指導にあたることはもちろんですが，一人で背負い込むことではありません。また学年に必ずあな

たよりも経験豊富な教員がいることでしょう。ベテラン教師は，学力やカリキュラムといった資料に掲載されていること以上に，高校について豊富な知識をもっています。普段から相談できる関係を築いておくことが大切です。

(1) こまめに教育相談を行う

受験が近くになるにつれて，生徒とこまめに相談活動を行うとよいでしょう。受験生はそれぞれ大なり小なり不安やストレスを感じているものです。それが表面に現れる生徒とそうでない生徒がいます。短時間でも構わないので日頃から相談活動を行ったり，個人ノートのようなものを使ったりすることで，そういった変化に気づきやすくなります。また保護者ともできるだけ日頃からコンタクトを取っておくことをお勧めします。生徒の意思と保護者の意思が違うといったことは，進路選択においてはよくあることです。親子間での意見の相違にも早めに気づくことで，余裕をもって調整役に回ることができます。

さきがけ♥・ブレーキ☆

(2) 生徒に合わせた助言を送る

ひと口に進路選択と言っても，生徒によって様々な思考パターンがあります。自分の学力を考慮せず高望みする生徒，自分には進学する高校がないと投げやりになる生徒，自分の学力では十分すぎるほど安全な学校を志望する生徒。また性格的にもそれぞれに違いがあることでしょう。逆境をバネにするタイプ，挫折からなかなか立ち直れないタイプ，土壇場で集中力を発揮するタイプ，日々，自分のペースで生活を送るタイプ。

もちろん進路選択に限ったことではありませんが，生徒が多岐にわたるのですから，その生徒へのアドバイスもそれぞれ異なるものでなければなりません。夢見がちな生徒には，現実を見せるような助言を，自己評価の低い生徒には，自身の可能性を感じさせるような助言を，といった具合です。

さきがけ♥・アクセル★

(3) 塾や保護者の意見を否定しない

教師の見立てと塾の見立てが違うことも進路選択にはよくあることです。或いは，保護者が全く反対の意見をもっているということもあるでしょう。そんなとき，決してそれらの意見を真っ向から否定してはいけません。周囲の意見が対立して悩むことになるのは生徒です。塾や保護者と教師の意見が対立するのは，それぞれの立場が違うのですから当然といえば当然です。その立場の違いから意見が違うということをしっかりと説明することで，生徒が混乱することもないでしょう。

合格基準については，学校が示す基準は少し厳しく設定されているということが多いような気がします。しかし，現在は受験情報誌やインターネットなどでも情報があふれている時代です。より適正な基準を示すことで信頼度も上がるのではないでしょうか。

さきがけ♥・アクセル★

進路選択に関わらないもの

❶上級学校体験

上級学校とは高等学校やその先の専門学校または，大学などのことを指しています。上級学校体験は実際に学校を訪問しそこで授業を模擬体験する授業体験と，中学校に上級学校の講師が来校して行われる出前授業とがあります。高等学校や大学などで行われる座学の講義であれば出前授業の形を採ることも可能ですが，専門学校などで行われる実験や実技系の授業の場合は，授業体験の形を採らざるを得ないでしょう。

上級学校体験は，授業を受けることがベースとなるので，一つの学校を訪問する人数は職場体験に比べて多くなります。その分，事前の打ち合わせなどに費やす時間や労力は，職場体験に比べれば少なくて済みます。

この上級学校体験も，職場体験同様，体験そのものは上級学校について少し触れる程度のものでしょう。生徒にとってはいままで全く見えていなかったものが，ぼんやりとその形を浮かび上がらせた程度ではないでしょうか。そうはいっても，生徒によってはその体験で開眼し，後の進路選択の指標となる場合もあるでしょう。しかし，すべての生徒にそれを期待するような取り組みではありません。その点を教師側がはき違えると，夢や目標に過剰な効果を期待するキャリア教育になってしまいます。

さきがけ♥・アクセル★

❷職業理解に関する取り組み

職場体験だけが職業理解につながる取り組みというわけではありません。職業調べや社会人講話，或いはあらゆる職種の方へのインタビューもその一つです。職業調べやインタビュー，書籍やインターネットからの情報収集も含めたこれらの取り組みは，職場体験の補完的役割として行うこともできるでしょう。例えば，職場体験のまとめ学習に付随して取り組ませることでより効果的に生徒たちの職業に対する理解を深めることができます。

社会人講話についても，生徒がいままで知らなかったような世界に触れさせることで，職業についての知見を広げることに寄与します。現在はどういうことが仕事として成立し，またどういう仕事が社会に求められているのか。そんなことを考える契機になれば取り組みとしては成功したと言えるでしょう。

しかし社会人講話の場合，例えば，一代で会社を築き上げた人の成功体験や，夢や目標をもつことの重要性といったことに話の主眼が置かれることがあります。そういった話になってしまうと，生徒の職業に対する理解が深まらないだけでなく，誤った職業観や人生観を植えつけてしまうことにもなりかねません。社会人講話を行う場合は，依頼する方との十分な打ち合わせが必要です。

しんがり♡・アクセル★

❸住んでいる地域の文化や伝統を理解する取り組み

児美川*は職業や進路について考えるうえで「やりたいこと」「やれること」「やるべきこと」という意識をもつことが重要だと説いています。「やりたいこと」は言うまでもなく自分

の興味関心が高いこと。「やれること」とは個人の能力や適性が合致しているかということ。そして「やるべきこと」とは現代の社会においてどんなことが必要とされているかということです。つまり，仕事とは自分がやりたいという意志だけでどうにかなるものでもなく，自分の能力や適性またはその仕事が社会から必要とされているかどうかということが重要だというわけです。

　この視点に立つと，社会環境についての理解を深めることが，職業理解を深めることにも通じるということになるでしょう。まずは知るべき社会の枠を学校から出て地域に広げることが必要です。地域の文化や伝統について知ることは，地域で何が必要とされているかということを考える土台になります。私が住む札幌の街にも，屯田兵らによる開拓の歴史やアイヌの文化など地域の文化や伝統があります。おそらく，全国各地にも生徒が知るべき文化や伝統がきっとあるはずです。　　　　　　　　　　　　　　　　　　しんがり♡・アクセル★

❹現在の社会に対する理解を深める取り組み

　地域からさらに外へ目を向けて，現代社会がどういったことに問題を抱えているのかということにも触れさせる機会があるとよいでしょう。国内でいえば，LGBT，少子高齢化，震災被害，格差社会，蔓延する薬物の問題，急増する精神疾患などなど。視点を国外に移すと国際紛争，貧困問題，急増する移民問題，核兵器の問題といった具合に，至るところに様々な問題があり，枚挙にいとまがありません。そういった問題に触れることは，同時に様々な人の意見に触れることにもなります。

　現代社会が抱える問題に触れることは，社会についての理解を深めるだけでなく，様々な視点に触れることで，多様な考え方を手に入れることにもつながります。うまくいけば上級学校の模擬授業を受ける中で，国内での問題や国際問題について知ることもできるでしょう。また，LGBTの方に来校していただいて社会人講話を行うことで，より身近な問題として捉えることができるかもしれません。　　　　　　　　　　　　　　さきがけ❤・アクセル★

❺道徳や他教科を利用した取り組み

　ここに挙げた取り組みのすべてを総合の時間だけでまかなうことは不可能です。そこで，他教科との連携をあらかじめ見越した計画を立てる必要があります。社会科や保健体育科などは，これらの取り組みと関連性の高い教科と言えるでしょう。

　社会科で日本の歴史や文化，伝統に触れる。あるいは国際的な問題や公害，震災などの国内での問題も指導内容とつながる部分があるでしょう。保健体育科では，薬物問題，災害についての問題，薬物に関する問題，感染症に関する問題を授業で扱うため重なる部分も非常に大きいです。

　また教科化となる道徳においても，その価値項目と関連づけることのできるものは少なくありません。例えば，地域の文化や伝統は「郷土愛」，国際問題についてはそのまま「国際理解」と，職業理解についても上手に教材化できるものがあれば，いずれかの価値項目に当てはめる

108　キャリア教育

ことができます。LGBT や震災被害についても教材化できる可能性があるでしょう。

さらにいうと，教科だけではなく短学活や学年集会などを利用して話題を提供したり，問題提起したりすることも可能です。このように，学校生活のあらゆるところに，その種がちりばめられている状態こそがキャリア教育として望ましい姿であると言っても過言ではありません。

さきがけ♥・アクセル★

3 キャリア教育を指導することの意義

キャリア教育を指導する意義とは，子どもたちが社会で生きていくために必要な力や考え方を身につけることにあります。3年生にしてもその意義が変わることはないでしょう。進路指導もあくまでいくつかあるうちの一つの指導事項に過ぎません。

また，義務教育最後の1年ということを考えると，それは1年生に比べて格段に大きな意味をもちます。いま，社会で生き抜く力を身につけなければ今後その機会に恵まれない子もいるかもしれないのです。そういった意味で中学校教員が担う責任もまた大きいと言わざるを得ません。

しかし，社会で生き抜く力を醸成する場として，学校はあまりに閉鎖的な空間です。そんな学校が社会に出るための準備の場であると言われても，どこか空々しく聞こえてしまうのは私だけでしょうか。ましてや，一昔前のようなモデルケースが失われた時代を生き抜いていく力を本当に子どもたちに身につけさせることができるのでしょうか。

こういった疑問を払拭するためにも，我々教師自身が地域の文化や伝統を理解し，内外の問題について興味関心をもち，モデルケースに拘らない職業理解を深めなければなりません。それだけが，私たちが生きてきた時代よりも，ずっと厳しい時代を生き抜いていこうとする彼らに向けたせめてものエールになるのではないでしょうか。

（渡部　陽介）

【参考文献】

児美川孝一郎『キャリア教育のウソ』ちくまプリマー新書，2013

児美川孝一郎『若者とアイデンティティ』法政大学出版局，2006

西川純『アクティブ・ラーニングによるキャリア教育入門』東洋館出版社，2016

あとがき

　かつて地元の中学校国語教師が集まって「研究集団ことのは」を結成しました。既に四半世紀も前のことです。国語の授業はどうあるべきか，国語学力とは何なのか，国語教育はどのような理念のもとに成立したのか，将来の国語教育はどうあるべきだろうか，そんなことをみんなで議論しながら四半世紀を過ごしてきました。サークル共著も数十冊を数えるまでになりました。メンバーはいろいろと入れ替わってきましたが，私の教員人生は「研究集団ことのは」とともにあったと言って過言ではありません。

　2015年度，教員生活25年目に中学校の学級経営を研究するサークルを立ち上げました。私の現勤務校の同僚，元同僚，「研究集団ことのは」の活動の中で知り合った国語科以外の教師たちを集めた研究サークルです。活動は既に３年目を迎えますが，実はいまだにこのサークルには名前がありません。そしてこのサークルで既に『中学校・学級経営すきまスキル』『中学校・生徒指導すきまスキル』（ともに明治図書）を上梓させていただきました。本シリーズの学年別３冊はこのサークルによる３〜５冊目のサークル共著ということになります。

　サークルは月１回の定例会を行いながら，主に原稿検討を中心に進められます。私や山下くんなど，原稿を書き慣れているメンバーがいる一方で，商業誌の原稿や本の原稿など書いたこともないというメンバーがたくさんいました。しかし，面と向かって喧々諤々と議論することを３年近くも続けているうちに，メンバーの原稿の質は著しく高まってきます。メンバーの平均年齢は40歳前後といったところですが，いまでは私や山下くんが驚くような発想・着想で原稿を提出するメンバーさえ現れ，人というものは幾つになっても機会さえあれば著しい成長を示すものなのだということを改めて実感させられました。そんなことを感じていると，私たちよりもはるかに柔軟な発想力をもつ生徒たちに対して，「この子はこの程度」「この子はこのくらい」と知らず知らずのうちに限界を規定してしまっている自分の愚かさ，浅ましさに空恐ろしささえ感じます。その人の成長を信じ，丁寧に説明し議論を重ねれば，人はどこまでも成長し続けるのです。おそらくは五十を超えた私でさえ……。この視座に立つことができたことだけでも，このサークルを立ち上げたことが私にとって大きな意味があったのだと実感します。

　ここまでを読んで，若い先生はもしかしたら私のサークルメンバーを羨ましく思われるかもしれません。偶然にも堀先生と同僚になったり研究会で出会ったりしたからこそ，一緒に実践研究する機会に恵まれ，本を出す機会にも恵まれているのだと。しかし，正直に言うと，私はかつて同僚だった人たち，かつて出会った人たちのすべてに声をかけたわけではありません。私が出会った人たちのうち，私が優秀だと感じていた人たちにしか声をかけなかったのです。私が「優秀だ」と感じるのは，いわゆる「仕事ができる」ということではありません。もちろんメンバーはみな，仕事のできる人たちであり，各学校で中心的に働いている人たちではある

のですが，そんなことは前提に過ぎなくて，実は「それ以上」をもっているからこそ私はお願いしてサークルに入ってもらったのです。

「それ以上」とは，簡単に言えば「独自の発想力」「独特の着想」をもっていると予感させられた人，ということです。「学校教育の論理，職員室の論理に流されていない人」と言ったらわかりやすいかもしれません。

実は原稿というものは，「学校の論理」「職員室の論理」を相対化する視点をもたなければ書くことができません。「教育の可能性」とともに「教育の不可能性」を視野に入れなければ教育に関する表現などできません。「自分にできること」とともに「自分には決してできないこと」までも視野に入れなければ実践論など書けません。他の人が使いこなし，成功している技術だからといって，必ずしも自分が使えるわけではない，それはキャラクターや能力によるのであり，「自分の限界性」を措定するところから初めて有益な表現が生まれるのだということを腹の底から実感することにもなります。「万能の教育理念」「万能の心構え」「万能の教育技術」などというものはないということを，抽象的ではなく具体的なレベルで実感しないことには表現などできない。それを知れば知るほど，実は表現の質が高まる。表現の経験を積んでいくということは，実はこうした蟻地獄のような経験を重ねていくということなのです。

この視座に立つと，職員室の各々がそれぞれどのような立場の，どのような視点から発言し行動しているのかということがよく見えてきます。と同時に，職員室の構造的な矛盾も具体的に見えてくるようになります。しかもその矛盾を言葉で説明し，説得し，改善しようにも，このような視座に立っていない人たちには絶対に理解されません。次第に，顔は笑っているけれど，いつも職員室で孤独に苛まれている，そんな状態に陥ります。声に出して説得することによってでなく，環境を少しずつ変えることによってソフトランディングを目指すようになっていきます。しかも，しつこいようですが，顔では笑いながら……です。「孤独」というよりは「孤高」という言葉の方がわかりやすいかもしれません。サークル結成から３年が経ち，そろそろメンバーの中にそうした境地に立ち始める人も現れ始めました。私はそんな彼ら彼女らを見るとき，しなくていい苦労をさせてしまっているな……と責任を感じます。

私の言いたいことがおわかりでしょうか。こうした視座を得たとき，優秀な人間はこのように悩みます。優秀でない人間は驕り，高ぶり，調子に乗ります。自分のサークルからそうした人間は絶対に出したくない。私のせいでそうした驕った人間にしたくない。私にはそんな思いが強くあります。そしてそうならない人たちにだけ声をかけたのです。

本シリーズはこの名もなきサークルにとって，まだまだ序章に過ぎません。まずは一応まとまった形として第一弾が提出された。そう思っていただければ幸いです。

沢田研二／明星―Venus―を聴きながら……

2017年12月11日　堀　裕嗣

【編著者紹介】
堀　裕嗣（ほり　ひろつぐ）
1966年北海道湧別町生。北海道教育大学札幌校・岩見沢校修士課程国語教育専修修了。1991年札幌市中学校教員として採用。1992年「研究集団ことのは」設立。『スペシャリスト直伝！教師力アップ成功の極意』『【資料増補版】必ず成功する「学級開き」魔法の90日間システム』『中学校　学級経営すきまスキル70』『中学校　生徒指導すきまスキル72』（以上，明治図書）など著書・編著多数。

【執筆者一覧】（掲載順）
堀　　裕嗣	北海道札幌市立幌東中学校
山﨑　　剛	北海道札幌市立太平中学校
高村　克徳	北海道札幌市立篠路西中学校
渡部　陽介	北海道札幌市立新琴似中学校
長尾　由佳	北海道札幌市立幌東中学校
高橋　美帆	北海道札幌市立北白石中学校
高橋　和寛	北海道札幌市立札苗中学校
高橋　勝幸	北海道栗山町立栗山中学校
新里　和也	北海道札幌市立北白石中学校
河内　　大	北海道室蘭市立桜蘭中学校
北原　英法	北海道室蘭市立桜蘭中学校
山下　　幸	北海道札幌市立平岡中央中学校

必ず成功する学級経営
365日の学級システム　中学3年

2018年3月初版第1刷刊　Ⓒ編著者　堀　　　裕　嗣
　　　　　　　　　　　発行者　藤　原　光　政
　　　　　　　　　　　発行所　明治図書出版株式会社
　　　　　　　　　　　　　　　http://www.meijitosho.co.jp
　　　　　　　　　　　（企画）及川　誠（校正）西浦実夏
　　　　　　　　　　　〒114-0023　東京都北区滝野川7-46-1
　　　　　　　　　　　振替00160-5-151318　電話03(5907)6704
　　　　　　　　　　　ご注文窓口　電話03(5907)6668

＊検印省略　　　　　　組版所　株式会社アイデスク
本書の無断コピーは，著作権・出版権にふれます。ご注意ください。

Printed in Japan　　　　　　　　　ISBN978-4-18-292313-5
JASRAC 出 1714132-701
もれなくクーポンがもらえる！読者アンケートはこちらから　→